BIENVENIDOS AL PORTAL NETWORKERS DEL SIGLO XXI

Hola que tal, Emprendedores y Emprendedoras del Network Marketing Multinivel, la nueva generación de Networkers del Siglo XXI... Es un placer para mí; poder darte la bienvenida a nuestro portal **NETWORKERS del Siglo XXI ®**, y felicitarte por haber escogido esta maravillosa profesión. Y estar dispuesto a empezar aplicar estos Ciclos continuos del Éxito y la Excelencia en tú Superación Personal y Profesional; en el Desarrollo de Tú Máximo Potencial Humano, en la Tendencia Económica de Mayor Posicionamiento, Crecimiento, Consolidación y Expansión Mundial, en esta nueva Era tan Globalizada.

Ahora eres parte de un gran **EQUIPO DE EMPRENDEDORES** en Redes de Mercadeo. Y el dueño de tu propio negocio; a través, de la Industria del **MLM (Multi- Level-Marketing)**. La Profesión mejor pagada en los últimos años. Esto significa que has dado un gran paso y que has decidido hacerte cargo de tu Futuro Financiero, Ser el Escultor de tu Vida, el Creador de tu Propio Destino y parte del Efecto Multiplicador de **La Nueva Generación de Networkers del Siglo XXI**.

Nosotros queremos que sepas que, aunque el negocio es sólo tuyo, nunca estarás solo. Cuentas con todo un **EQUIPO DE PROFESIONALES** a nivel mundial; que estamos aquí comprometidos para apoyarte durante el Proceso de Aprendizaje, con las mejores herramientas actualizadas de última generación y entrenamientos magistrales de óptimo desempeño en la **Industria del NETWORK MARKETING MULTINIVEL**, establecido en un Sistema Integral de Formación Empresarial de Alto Rendimiento y Máxima Productividad.

En el portal **NETWORKERS del Siglo XXI ®**, hemos preparado esta guía rápida de Liderazgo Empresarial; pensando en TI, para maximizar tu efectividad y óptimo desempeño en el Proyecto de Negocio que te ofrecen las **Redes de Mercedado**.

Éste Manual de Instrucciones es una poderosa herramienta de acción que puedes llevar contigo todo el tiempo. Es un resumen conciso de las leyes y los principios más importantes de los *"Conceptos y Nociones Avanzadas Sobre la Industria del NETWORK MARKETING, Principios Universales Para Desarrollar Exitosamente Tú Negocio Multinivel de forma Profesional"* que deberás realizar cada día, para medir tus resultados y comenzar a Construir Tú Negocio Multinivel *(Estructura Organizacional)* que es la Red de Mercadeo, una Plataforma Magistral centrad a en la **EDIFICACIÓN** y fundamentada en las bases de las relaciones y el trabajo en equipo con una mentalidad de excelencia empresarial y un espíritu de liderazgo centrado en principios. Que finalmente es lo que te permitirá; a largo plazo, crear las bases de tu Negocio, con unas simientes firmes que se mantendrán en el tiempo, rumbo como equipo a la Libertad Financiera.

Principios Universales ara Desarrollar Exitozamente
TÚ NEGOCIO MULTINIVEL DE FORMA PROFESIONAL

Cree en ti mismo y en tu capacidad de lograr grandes cosas. Recuerda, estamos aquí para apoyarte a través de cada paso que des en la Construcción de tus Sueños...

Pero recuerda que finalmente la decisión es sola Tuya...

¡¡¡Toma Acción y Has que las Cosas Sucedan!!!

*"El **ÉXITO** no es un acontecimiento de un solo día, es un proceso que se repite toda la vida. Usted puede ser un ganador en su vida si se lo propone. **YA QUE NACISTE Y ERES UN TRIUNFADOR** desde el instante de la concepción.*

Recuerda que: *Las personas exitosas realizan actividades que les permitan ganar de vez en cuando; porque saben que tanto el triunfo, la victoria, así como la conquista, son hábitos que deberían desarrollarse constantemente en su estilo de vida.*

Las personas exitosas; asimismo tienen presente que, perdiendo también se gana. Porque saben que cada fracaso los acerca más a su propósito y que cada derrota los fortalece y les enseña lo que deben mejorar. En fin y al cabo; tanto los triunfos como las derrotas, son tan importantes para el éxito, que cuando aprendemos de ellas nos hacemos más fuertes y merecedores de vivir ese estilo y calidad de vida extraordinaria por la que tanto nos hemos esforzamos día tras día"
*-. **COACH TRANSFORMACIONAL YLICH TARAZONA**. –*

SERIE: **Network Marketing Multinivel en Acción** – Volumen 3 de 4

Conceptos y Nociones Avanzadas Sobre la Industria del NETWORK MARKETING

Principios Universales para Desarrollar Exitosamente TÚ NEGOCIO MULTINIVEL DE FORMA PROFESIONAL

Complemento del LIBRO y Kindle – EBOOK'S "Los CICLOS MAESTROS de la DUPLICACIÓN y la MULTIPLICACIÓN en el NETWORK MARKETING" **QUE TE ENSEÑARA A: *.** - Comprender los Conceptos y Nociones Avanzadas sobre la industria de redes de mercadeo multinivel entendiendo la **VISIÓN** y la **NATURALEZA DEL NEGOCIO**. ***.** - Conocer los principios fundamentales para crear una estructura organizacional sólida, y una red de mercadeo multinivel estable y productiva. ***.** - Programar y condicionar tu estructura mental y psicológica para convertirte en un **NETWORKERS PROFESIONAL** y **EMPRENDEDOR MULTINIVEL**, La Nueva Generación de Empresarios del Siglo XXI. ***.** - Desarrollar una **MENTALIDAD EMPRESARIAL** con una **ACTITUD DE LIDERAZGO** e influencia personal centrada en principios. ***.** - Desarrollar el hábito de **conectarte 100%** al SISTEMA EDUCATIVO de formación empresarial y al **EQUIPO DE APOYO**; centrado en las bases de la consolidación de las relaciones, la edificación, el trabajo en equipo, el compañerismo, el apalancamiento y vivir los valores esenciales para promover la **DUPLICACIÓN** y la **MULTIPLICACIÓN,** ya que son los fundamentos; que nos permitirán generar regalías, por concepto de ganancias residuales de forma permanente y continua. ***.** - Adquirir las herramientas junto con los conocimientos necesarios y primordiales que te permitirán consolidar las distintas posiciones, peldaños, escalones y rangos más altos dentro de la escala o niveles del plan de compensación. ***.** - Mantener la productividad de toda tu organización, la estructura, que es la red de mercadeo o red de comercialización y brindarte la **educación financiera** necesaria para programar tus pensamientos, sentimientos y acciones en la conquista rumbo a la **LIBERTAD FINANCIERA**, utilizando como vehículo las múltiples opciones que nos brinda la Industria del **Network Marketing** a través de las **Redes de Mercadeo Multinivel**.

3ª Edición Especial, Revisada, Actualizada y Extendida (Incluye Ejercicios y Plan de Acción)

NETWORKER PROFESIONAL

Ylich Tarazona

Escritor y Conferenciante Internacional

Principios Universales ara Desarrollar Exitozamente
TÚ NEGOCIO MULTINIVEL DE FORMA PROFESIONAL

*3ª Edición Especial Revisada y Actualizada por: **Ylich Tarazona** diciembre 2017.*
*Diseño y Elaboración de Portada por: **Ylich Tarazona***

ISBN-13: 9781976888571 *(KDP - Assigned)*
SELLO: Independently Published ©

BISAC: *MLM / Multi-Level-Marketing / Redes de Mercadeo / Network Marketing*
El derecho de **YLICH TARAZONA** a ser identificado como el **AUTOR** de este trabajo ha sido afirmado por *SafeCreative.org, Código de Registro:* 1712315229401, de conformidad con los **Derechos De Autor En Todo El Mundo**. *Fecha:* 31 de diciembre de 2017.

Conceptos y Nociones Avanzadas Sobre la Industria del NETWORK MARKETING

DERECHO DE AUTOR Y COPYRIGHT

Éste **libro** en su **EDICIÓN ESPECIAL** denominado *"Conceptos y Nociones Avanzadas Sobre la Industria del NETWORK MARKETING - Principios Universales para Desarrollar Exitosamente TÚ NEGOCIO MULTINIVEL DE FORMA PROFESIONAL* © ®*"*. Extraordinaria Colección de **Técnicas** y **Estrategias** en Network Marketing Multinivel que te ayudará a conocer el fascinante mundo de las REDES DE MERCADO (MLM) La Oportunidad del Siglo XXI. Es propiedad intelectual de **YLICH TARAZONA** © & **REINGENIERÍA MENTAL CON PNL ® y NETWORKERS del Siglo XXI** © ®.

SÍGUENOS A TRAVÉS DE NUESTRA WEBSITE OFICIAL
http://www.reingenieriamentalconpnl.com

AVISO LEGAL: Copyright © diciembre 2017 por **YLICH TARAZONA ® & REINGENIERÍA MENTAL CON PNL ®**. Todos los derechos reservados en todo el Mundo ©. *Ninguna parte de este* **Libro sobre** *NETWORK MARKETING podrá ser almacenada en sistemas de recuperación de datos, ni podrá ser reproducida o modificada de modo parcial o completa, de igual forma tampoco puede ser reducida, ampliada o transmitida de cualquier manera o por cualquier otro formato o medio, bien sea electrónico, copia digital, virtual, impresión mecánica o manual. Incluidas fotocopias, escaneos, grabaciones, reproducciones y distribución vía online, oral o escrita, o por cualquier otro sistema de almacenamiento de información, comunicación pública o privada y software de recuperación de datos, para uso comercial o fines de lucro* **Sin Previo Aviso** *o* **PERMISO POR ESCRITO AL EDITOR, AL AUTOR, Y A SU REPRESENTANTE LEGAL.** *Aquellos que incumplan estas normas serán severamente sancionados según las leyes de derecho de autor y copyright.*

El derecho de **YLICH TARAZONA** a ser identificado como el **AUTOR** de este trabajo ha sido afirmado por **SafeCreative.org,** *Código de Registro:* **1712315229401**, de conformidad con los Derechos de Autor en todo el mundo. *Fecha: 31 de DIC de 2017.*

NOTAS DEL EDITOR: Está totalmente prohibido usar nuestros productos para uso comercial o fines de lucro, salvo para los efectos de su propio desarrollo personal y profesional, por lo que entendemos que: *Usted puede usar este producto como referencia para realizar sus propias reuniones de negocios y en la realización de las técnicas para uso personal siempre y cuando este de conformidad con la realización lícita y legal de prácticas aceptables, así como éticas.*

Asistencia Legal:
ABOGADA: *Mariam Charytin Murillo Velazco*
C.I: V-17.502.580, - INPREABOGADO: Nº 158.611

Principios Universales ara Desarrollar Exitozamente
TÚ NEGOCIO MULTINIVEL DE FORMA PROFESIONAL

NETWORKERS del Siglo XXI © ® es una **Comunidad Virtual** para **Emprendedores**. Uno de los **Website de Internet** dedicado a brindar **COACHING** en la **CONSOLIDACIÓN** de **Competencias** y el **Desarrollo del Máximo Potencial Humano**. *Especialistas* en el *Entrenamiento, Formación y Adiestramiento de alto nivel* a través de la *PNL* o *Programación Neurolingüística*, especializados en el suministro de productos de formación y cursos para *Alcanzar Metas, Concretar Objetivos* y *Consolidar Resultados Eficaces de Óptimo Desempeño*; a través de una serie de **Libros, eBook's, Audios, Podcasters, Tele-Seminarios Online, Talleres Audiovisuales, Webminars** y **Conferencias Magistrales de Carácter Presencial**.

No se puede pretender estar asociado con **YLICH TARAZONA & REINGENIERÍA MENTAL CON PNL** o **NETWORKERS del Siglo XXI** © ® en cualquier forma o utilizar nuestro nombre en conexión con su propia práctica personal o profesional, a menos que esté debidamente capacitado, y con certificación valida que avale que formalmente se ha capacitado, formado o adiestrado apropiadamente con nosotros.

3ª Edición Especial Revisada y Actualizada por: *Ylich Tarazona* diciembre 2017.
Diseño y Elaboración de Portada por: *Ylich Tarazona*

ISBN-13: 9781976888571 *(KDP - Assigned)*
SELLO: Independently Published ©

BISAC: MLM / Multi-Level-Marketing / Redes de Mercadeo / Network Marketing
El derecho de **YLICH TARAZONA** a ser identificado como el
AUTOR de este trabajo ha sido afirmado por *SafeCreative.org*,
Código de Registro: **1712315229401**, de conformidad con los
Derechos De Autor En Todo El Mundo. *Fecha*: 31 de diciembre de 2017.

COLABORADORES:
Mariam Charytin Murillo Velazco
Ylich Leavitt Gabriel Smith Tarazona Peña
Jeffry Samuel Tarazona Peña
Génesis Zarahemla Odaylich Tarazona Maldonado

Si éste **LIBRO SOBRE** *REDES DE MERCADEO MULTINIVEL en su* **EDICIÓN ESPECIAL** *le ha interesado y desea que lo mantengamos informado de nuestras próximas* **publicaciones, ediciones, mini cursos, reportes especiales, video conferencias, webminars, seminarios online y offline, audiolibros, podcasters** *o nuestros* **servicios online y offline** *como* **sesiones, coaching, terapias, eventos corporativos, cursos, talleres, seminarios, conferencias presenciales** *entre otras* **actividades** *o materiales didácticos DISEÑADOS y CREADOS POR EL AUTOR &* **NETWORKERS del Siglo XXI** © ®; *escríbanos, indicándonos cuáles son los temas de su interés y gustosamente le mantendremos actualizado.*

También puede contactarse directamente con el **AUTOR** vía e-mail por:
MásterCoach.YlichTarazona@gmail.com

FILOSOFÍA DEL PORTAL NETWORKERS DEL SIGLO XXI

FILOSOFÍA: **NETWORKERS del Siglo XXI ®** es una Organización de Coaching Integral en el Adiestramiento y Capacitación Profesional, de carácter presencial OFFLINE y virtual vía ONLINE en el área de **NETWORK MARKETING MULTINIVEL**, el Liderazgo Centrado en Principios, la Negociación de Alta Envergadura, la Planeación Estratégica, el Marketing de Atracción entre otros.

El portal **NETWORKERS del Siglo XXI ®** La Nueva Generación de Profesionales en Redes de Mercadeo Multinivel. Es un EQUIPO que funcionamos como una Organización Líder Pionera en el Entrenamiento Empresarial a nivel mundial cuyo NORTE y FILOSOFÍA está centrado en la EDIFICACIÓN y fundamentada en las relaciones y el trabajo en equipo. Basada en Principios y Leyes Esenciales de aplicación Universal, que tiene como objetivo dejar un LEGADO en la vida de millones de Emprendedores y Desarrolladores de Negocios a través de Un Sistema Integral de Formación Empresarial de Optimo Desempeñó.

MISIÓN: Nuestra misión, es la de Adiestrar y Capacitar a los nuevos Profesionales, Lideres, Empresarios Comprometidos y Emprendedores del **MLM (Multi Level Marketing)** también conocido como Mercadeo por Niveles Múltiples o Negocio Multinivel de Ventas Directas. Brindándoles un Equipo de Apoyo, integrad a por una diversidad de expertos en el área... *Que les brindaran a los asociados de Las Distintas Organizaciones los conocimientos necesarios que les ayudaran en el proceso de aprendizaje, a través de una Plataforma Magistral y/o Sistema Integral De Formación Empresarial*; bien estructurada y organizada; que le permitirá, a cada individuo lograr cumplir alcanzar sus más elevados Sueños, Metas y Objetivos dentro de la Industria Global del Mercadeo en Red.

VISIÓN: Estamos comprometidos con una gestión social; que se define como un servicio de formación empresarial, en la cual se puede ayudar a muchas personas a lograr Maximizar sus Capacidades, con el fin de crear nuevos Líderes, Empresarios, Emprendedores y Networkers Profesionales; donde Todos Compartan una Misma Filosofía de Equipo, logrando con ello refinar y actualizar sus conocimientos; a fin de Desarrollar una Estructura Organizacional o Red de Comercialización Solida, Estable y Productiva.

PROPÓSITO: Los **CICLOS MAESTROS de la DUPLICACIÓN y la MULTIPLICACIÓN en el NETWORK MARKETING** que hemos implementado en este manual de instrucciones, permiten a los nuevos Emprendedores, Afiliados, Distribuidores, Empresarios y Networkers Profesionales contar con Leyes y Principios Universales que les permitirán definir claramente sus Metas y Objetivos, respaldándolas con una Misión de Vida y Un Plan de Acción Bien Definido. A la vez que les permitirá adquirir los conocimientos necesarios que les permitan MODELAR y DUPLICAR el sistema a sus organizaciones a fin de lograr los niveles más altos, dentro de los distintos Planes de Compensaciones que nos ofrece la Industria de Mercadeo en Red Multinivel.

OBJETIVO: En el Portal **NETWORKERS del Siglo XXI ®** vivimos comprometidos con los procesos para que obtengas el nivel de éxito que tanto deseas. Nuestro objetivo es poner en tus manos este Manual de Instrucciones de "Conceptos y Nociones Avanzadas Sobre la Industria del NETWORK MARKETING, Principios Universales Para Desarrollar Exitosamente Tú Negocio Multinivel de forma Profesional"; que es **Complemento del KINDLE –E-BOOK'S** "Los CICLOS MAESTROS de la DUPLICACIÓN y la MULTIPLICACIÓN en el NETWORK MARKETING" que junto con el Cuaderno de Planificación Empresarial y PLAN DE ACCIÓN MENSUAL para la Ejecución y el Enfoque, son el vehículo conductor, que te llevará a conseguir los mayores resultados en la Industria.

Te invitamos a seguir estas recomendaciones, tan fielmente cómo te sean posibles, ya que son las mismas que han seguido las personas sobresalientes más exitosas en el Network Marketing por Relaciones de mayor Renombre en los últimos años.

ÉXITO ES EL RESULTADO DE LA DISCIPLINA
"La formación, la preparación y la actitud es la diferencia entre el éxito y el fracaso" -. **COACH TRANSFORMACIONAL YLICH TARAZONA.** -

"Yo nunca he dicho que sea fácil, pero les prometo que tampoco será imposible... Solo tienen que estar dispuesto a pagar el precio del éxito y luego disfrutar de los resultados el resto de toda su vida".
-. **COACH TRANSFORMACIONAL YLICH TARAZONA.** -

"Debemos ser el cambio que queremos ver en el mundo". - **GANDHI**. –

EL LÍDER QUE HAY EN TI

Felicitaciones; Campeones y Campeonas, por haber tomado la decisión de SER parte de la gran familia **NETWORKERS del Siglo XXI ®**. Nosotros anticipamos mantener una larga y duradera relación con ustedes y todo su equipo, tanto en el negocio como personalmente. Al dar los primeros pasos hacia adelante en la construcción de su organización multinivel.

Siempre recuerden: Que el mercadeo en red es una oportunidad centrado en la **EDIFICACIÓN** basado en las relaciones personales. Por tal razón; tienes que comenzar, por fortalecer la relación con tu organización **(DOWNLINE)** y con tu línea de patrocinio **(UPLINE o Línea de Auspicio)**. De igual forma, tienes que fomentar las buenas relaciones de equipo entre TODAS las líneas frontales o laterales de otras organizaciones **(CROSSLINE)** para mantener la sinergia y la participación de todo

AL DESARROLLAR LA RELACIÓN CON TODO EL EQUIPO, te alentamos a que pienses en los valores que rigen tu vida y que son importantes para ti. Al estudiar las vidas de los líderes más destacados; y las historias de éxito de los Empresarios Comprometidos y Networkers Profesionales que tienen los mayores resultados dentro de la Industria del Network Marketing Multinivel, nos han revelado un importante principio — Y es que el ÉXITO de las organizaciones más exitosas a través de los años en el Mercadeo en Red han sido las que se basan en el trabajo de equipo y en los principios y valores esenciales, más que en el dinero mismo.

¿PERO CÓMO ELEGIR UN CONJUNTO DE VALORES PARA APLICARLOS A TU NEGOCIO MULTINIVEL? Analiza tu vida y piensa qué es lo más importante para ti. Piensa en las personas quienes forman parte de tu ORGANIZACIÓN y a quienes admiras. ¿Qué comportamiento desempeñan constantemente estos Grandes LÍDERES de otras organizaciones, que tú pudieras adoptar para desarrollarlas y aplicarlas en tu Negocio Multinivel?

TAMBIÉN PUEDES OBSERVAR LOS PRINCIPIOS Y LOS VALORES que guardamos en alta estima los miembros del Equipo **NETWORKERS del Siglo XXI ®** y aplicarlos en tu organización. Te prometemos; que a medida que empieces a asociarte con todo el liderazgo que viven estos valores, y empieces a aplicarlo en tu propia vida, podrás darte cuenta, que estos principios funcionan como un faro que guiarán el crecimiento de tu organización. Recuerda que todos los líderes de la compañía y los líderes de tu línea ascendente son un respaldo esencial para ti. Nosotros ya confiamos en ti; y si tú también lo haces, juntos podremos liderar a muchas más personas, en el camino a la realización de sus sueños.

Conceptos y Nociones Avanzadas

PRINCIPIOS Y VALORES QUE RIGEN EL PORTAL NETWORKERS DEL SIGLO XXI

1.- **Gratitud**: Sé agradecido por lo que das y por lo que recibes.
2.- **Libertad**: Permite que cada persona escoja por sí mismo.
3.- **Respeto**: Se objetivo con las opiniones de las personas.
4.- **Disciplina**: Vive lo que enseña y Enseña lo que vives.
5.- **Diligencia**: Esfuérzate por lograr lo que te propones.
6.- **Servicio**: Amor por servir con devoción a prójimo.
7.- **Compromiso Moral**: Termina lo que empiezas.
8.- **Honestidad**: Mantén la confianza de los demás.
9.- **Responsabilidad**: Toma el control de tu vida.
10.- **Determinación**: Haz que las cosas sucedan.
11.- **Humildad**: Vive conforme a tus principios.
12.- **Integridad**: Enseña a través del ejemplo.
13.- **Igualdad**: Desarrolla relaciones sólidas.
14.- **Lealtad**: Se fiel a tus principios.
15.- **Rectitud**: Haz lo que dices.

EL ÉXITO ES PARA AQUELLOS, QUE ESTAMOS DISPUESTOS A PAGAR EL PRECIO Y DISFRUTAR DEL CAMINO *"El éxito es más que una condición, es un estado mental. El éxito es un camino; es el logro consecutivo de pequeñas metas, y es el resultado de llevar una vida con propósito. Y para que nuestros objetivos se lleven a cabo; debemos estar dispuestos a programar nuestra mente en dirección a nuestro destino, tomar acción, ejecutar el plan o proyecto de vida y hacer que las cosas sucedan. -. COACH TRANSFORMACIONAL YLICH TARAZONA. -*

Recuerda PIENSA, SIENTE y ACTÚA como la persona que quieres llegar a SER, hasta que lo seas. "{(Ten presente que comenzamos MODELANDO una ACTITUD GANADORA y terminamos construyendo una PERSONALIDAD TRIUNFADORA)}".
-. **COACH TRANSFORMACIONAL YLICH TARAZONA**. –

TABLA DE CONTENIDO

- DERECHO DE AUTOR y COPYRIGHT .... - 3 -
- BIENVENIDOS AL PORTAL NETWORKERS DEL SIGLO XXI .... - 5 -
- FILOSOFÍA DEL PORTAL NETWORKERS DEL SIGLO XXI .... - 7 -
  - FILOSOFÍA .... - 7 -
  - MISIÓN .... - 7 -
  - VISIÓN .... - 7 -
  - PROPÓSITO .... - 7 -
  - OBJETIVO .... - 8 -
- El LÍDER que hay en Ti .... - 9 -
- Principios y Valores que rigen el Portal NETWORKERS del Siglo XXI .... - 11 -
- CAPÍTULO I: EMPRENDEDORES DEL NETWORK MARKETING MULTINIVEL ...... - 17 -
  - La Nueva Generación de Empresarios del Siglo XXI .... - 17 -
- CAPÍTULO II: EL NETWORK MARKETING MULTINIVEL ES UN PROCESO CONTINUO DE FORMACIÓN Y APRENDIZAJE .... - 21 -
  - Networkers del Siglo XXI. Un camino de Formación Permanente .... - 21 -
  - Estas son las 2 fases iniciales por los que pasamos todos los emprendedores al comienzo de nuestro negocio multinivel. .... - 21 -
    - 1.- EL DESCONOCIMIENTO DE LA INDUSTRIA: .... - 21 -
    - 2.- PERIODO DE FRUSTRACIÓN: .... - 22 -
- CAPÍTULO III: PRINCIPIOS PARA CONVERTIRTE EN UN PROFESIONAL DE LA INDUSTRIA DEL NETWORK MARKETING MULTINIVEL .... - 23 -
  - Principios Básicos que debe Comprender un Desarrollador de Redes de Mercadeo .... - 23 -
- CAPÍTULO IV: DESARROLLO DEL LIDERAZGO .... - 25 -
  - Liderazgo Centrado en Principios .... - 25 -
- CAPÍTULO V: LIDERAZGO CON PROPÓSITO, REINVENCIÓN PERSONAL ..... - 27 -
  - Creando Una Mejor y Mejor Versión de Ti Mismo .... - 27 -
- CAPÍTULO VI: COMO AUSPICIAR CORRECTAMENTE PARA PRODUCIR UN ALTO % DE RETENCIÓN EN EL NETWORK MARKETING .... - 29 -
  - Principios Correctos para Auspiciar de Manera Efectiva .... - 29 -

CAPÍTULO VII: ¿POR QUÉ ES IMPORTANTE TENER UN PROPÓSITO CLARO Y UN SUEÑO BIEN DEFINIDO PARA DESARROLLAR NUESTRO NEGOCIO MULTINIVEL?- 33 -

Descubriendo nuestra Misión y Visión dentro de la Industria del Mercadeo En Red para Escoger Correctamente la Compañía con la cual trabajar y Desarrollar Nuestro Negocio de forma Profesional. .... - 33 -

CAPÍTULO VIII: CUATRO (4) RECOMENDACIONES IMPORTANTES, A LA HORA DE ELEGIR UNA EMPRESA DE NETWORK MARKETING .... - 35 -

Como hacer una buena selección entre todas las empresas de multinivel que existen en el mercado .... - 35 -

1.- LA COMPAÑÍA Y SU ADMINISTRACIÓN .... - 35 -

2- LOS PRODUCTO Y SU BIOTECNOLOGÍA .... - 36 -

3- EL PLAN DE COMPENSACIÓN .... - 36 -

4- EL SISTEMA EDUCATIVO Y EL EQUIPO .... - 37 -

CAPÍTULO IX: PLANES DE COMPENSACIONES EN EL NETWORK MARKETING - 39 -

Los Diferentes *Planes de Pagos y* Planes *de Compensación* que existen en la Industria de las Redes de Mercadeo Multinivel. .... - 39 -

PLANES DE COMPENSACIÓN QUE EXISTEN HOY EN DÍA: .... - 39 -

EL PLAN DE COMPENSACIÓN 2 UP AUSTRALIANO .... - 39 -

PLAN MATRIZ O MATRIARCAL .... - 41 -

PLAN ESCALONADO POR RUPTURA .... - 42 -

PLAN UNINIVEL O UNILEVEL HIBRIDO .... - 43 -

PLAN BINARIO O PLAN BINARIO HÍBRIDO .... - 45 -

CAPÍTULO X: FASES O ETAPAS DE DESARROLLO Y CRECIMIENTO EMPRESARIAL DE UNA EMPRESA EN "NETWORK MARKETING" .... - 49 -

Fases de crecimiento en una empresa MLM .... - 49 -

Fase Nº1 – "Fundación, Creación o Formación de la Compañía" .... - 50 -

Fase Nº2 "Concentración o Posicionamiento" .... - 51 -

Fase Nº3 "Momentum o Crecimiento Exponencial" .... - 52 -

Fase Nº3 "Estabilidad o Consolidación" .... - 54 -

CAPÍTULO XI: MARKETING DE ATRACCIÓN, ESTRATEGIAS DEL SIGLO XXI- 57 -

Desarrollo Profesional De Tú Negocio Multinivel .... - 57 -

CAPÍTULO XII: HACIA DÓNDE SE DIRIGE LA INDUSTRIA DEL NETWORK MARKETING MULTINIVEL ....- 61 -

   Evolución de las Empresas de Redes De Mercadeo y la Nueva Generación de Networkers del Siglo XXI. ....- 61 -

CAPÍTULO XIII: NETWORK MARKETING MULTINIVEL UN PROYECTO FINANCIERO REAL ....- 65 -

   Redes de Mercadeo la Profesión de La Nueva Generación de Networkers del Siglo XXI ....- 65 -

   PALABRAS FINALES ....- 67 -

   LA HISTORIA DEL HOMBRE SABIO ....- 68 -

   SOBRE EL AUTOR ....- 71 -

   OTRAS PUBLICACIONES, EDICIONES ESPECIALES, MINI CURSOS, E-BOOK´S Y LIBROS CREADOS POR EL AUTOR ....- 75 -

   SÍGUENOS A TRAVÉS DE TODAS NUESTRAS REDES SOCIALES (SOCIAL MEDIA Y WEBSITE OFICIAL) ....- 83 -

Conceptos y Nociones Avanzadas

CAPÍTULO I: EMPRENDEDORES DEL NETWORK MARKETING MULTINIVEL

La Nueva Generación de Empresarios del Siglo XXI

Como todos sabemos; estamos atravesando una época de cambios generales a nivel mundial, y especialmente a nivel económico. Hace ya algunos años atrás pasamos un período que se le conocía como la era industrial, y a medida que el tiempo transcurre pasamos de un periodo a otro de forma rápida y acelerada trayendo consigo nuevos cambios de paradigmas.

Hemos escuchado hablar de la era del conocimiento, la era de la información, la era de la globalización, en fin, hoy en día en la nueva era, la era de la tecnología, trajo consigo nuevos modelos económicos productivos, que están tomando mucho auge. Muchos nuevos modelos de negocio se están dando a conocer en estos últimos tiempos, entre ellos los negocios del MLM (Multi-Level-Marketing) o Redes de Mercadeo.

Por tal razón; hoy en día debemos estar actualizados, para mantenernos al ritmo vertiginoso de estas nuevas tendencias económicas de negocios y conocer claramente en qué consiste convertirse en un **EMPRENDEDOR DEL NETWORK MARKETING MULTINIVEL**, **La Nueva Generación de Networkers del Siglo XXI** y miembro de la prestigiosa organización internacional **NETWORKERS DEL SIGLO XXI ®**.

Es por eso; que hoy en día, vemos muchas personas que van en búsqueda de su felicidad, la prosperidad, el éxito y su libertad financiera. *¿Pero qué opciones tenemos?* Tener un empleo adicional, ser auto empleado o trabajar por cuenta propia, montar o invertir en un negocio. Muchos buscan ser dueños de sus empresas, otros dueños de su tiempo, y muchos otros creadores de sus propios ingresos. Y el vehículo que muchas personas están optando hoy en día, es entrar a la industria del **MERCADEO EN RED**.

Este cambio de pensamiento; es una tendencia que estamos viviendo la gran mayoría, hoy en día. Pero no quiere decir que los empleos tradicionales no funcionan o que las carreras universitarias y los títulos no sirven; ya que hay profesionales como abogados, ingenieros, médicos, arquitectos, contadores, expertos en bienes y raíces, conferenciantes, políticos, personajes públicos famosos, deportistas, artistas, actores, actrices, entre otros, que ganan muy buenos ingresos. Pero lo que la gran mayoría de esas personas; no tienen, es tiempo. Y el ser parte de los empresarios del multinivel podría ser la solución.

Robert Kiyosaky un experto financiero, inversionista multimillonario, emprendedor, educador, conferenciante y autor ***Best Seller*** de la serie *Padre Rico Padre Pobre*; en su libro **El Cuadrante del flujo del Dinero**, explica: que el paso del cuadrante izquierdo, al cuadrante derecho *(como lo cataloga el propio Robert en su libro)*, es decir el pasar de ser un empleado o auto empleado a convertirse en un empresario exitoso o inversionista, es una decisión cada vez más frecuente.

Hoy día especialmente en Latinoamérica; por los cambios económicos que estamos viviendo, muchas personas están optando por desarrollar profesionalmente negocios de multinivel en ventas directas siendo el mercadeo en red una de las opciones más rentable en la economía global.

Por lo que hemos aprendido hasta ahora; del ya referido libro el flujo del cuadrante del dinero, lo que está haciendo la gente del cuadrante izquierdo *(empleados y auto empleado)*, es cambiar su tiempo por dinero, y como el tiempo es limitado, el dinero también lo es. Y a través de este nuevo concepto, que es el ser parte de los **EMPRENDEDORES DEL NETWORK MARKETING MULTINIVEL, La Nueva Generación De Networkers Del Siglo XXI**, es tener la oportunidad de pasar de un cuadrante a otro.

Es decir; pasarnos del cuadrante izquierdo al cuadrante derecho, en la cual se encuentran los *(empresarios o dueños de su propio negocio y los inversionistas)* que son los generadores de sus propios ingresos, creadores de su libertad financiera, propietarios de sus propios negocios o empresas y dueños de su propio tiempo.

Hoy que vivimos en esta nueva era del conocimiento, la información, la globalización y la tecnología, Robert Kiyosaky nos dice que el concepto del empleo está desapareciendo y junto con él; la seguridad económica, el famoso seguro social, la pensión o jubilación.

Por tal razón; mucha gente está adoptando ser auto empleado que es otra opción, pero también muy limitante ya que requiere del 100% de nuestro esfuerzo personal y el 100% de nuestro tiempo. Según el ya mencionado Robert afirma que: hay un porcentaje de gente que está teniendo excelentes resultados como empleado o auto empleado, pero tan solo es el 1% al 5%. Mientras que el resto de la población está buscando mejorar su situación, explorando nuevas alternativas y optando por un **PLAN B**.

El ser parte de los **EMPRENDEDORES DEL NETWORK MARKETING**, conocidos hoy día como **NETWORKERS DEL SIGLO XXI**, es el paso más viable, para pasar del cuadrante izquierdo al cuadrante derecho. El formar parte de la industria del mercadeo en red, a través del concepto de multinivel; es la opción más viable, para adquirir las habilidades necesarias para ser un empresario exitoso, en esta década de tiempos tan cambiantes reafirma Robert Kiyosaky.

Pero que dicen los especialistas de estos cambios económicos y que impresiones tienen los expertos de estas nuevas tendencias económicas de negocios.

El mismo **Robert Kiyosaky** en una entrevista comento que: *Los negocios de redes de mercadeo son el negocio perfecto.*

Charles W King doctorado en administración de empresas en Harvard y profesos de marketing en la universidad de Illinois junto a **James W Robinson** autor Best Seller de "*Imperio de Libertad*" y consultor sénior de la cámara de comercio de estados unidos en su libro en conjunto "**Los Nuevos Profesionales**" comentaron que: *Usted obtiene ingresos inmediatos y un importante ingreso residual a largo plazo. Por tal razón lo consideran el modelo de empresa más poderoso y atractivo en la nueva economía.*

Paul Zane Pilzer autor Best Seller de él "**Próximo Trillón**", experto financiero y economista, asesor de varios presidentes de estados unidos comentó que: *Las redes de mercadeo se están posicionando para ser la próxima gran economía.*

Donald J Trump prestigioso empresario en bienes y raíces, gigante de los medios de comunicación, estrella y coproductor del famoso programa "El Aprendiz", político, actual candidato del Partido Republicano a la Presidencia de los Estados Unidos para las elecciones presidenciales de 2016. Escritor, autor de siete Best Seller entre ellos "**Queremos Que Seas Rico**" junto al ya mencionado *Robert Kiyosaky* comento que: *Si yo tuviera que hacerlo todo de nuevo, en lugar de construir un negocio al estilo tradicional, yo iniciaría a construir un negocio de mercadeo en red.*

Si ya tenemos las estadísticas y las opiniones de los expertos, que ratifican que este tipo de concepto de negocio es la mejor opinión. Entonces tomemos la decisión de emprender nuestro camino rumbo a la LIBERTAD FINANCIERA, utilizando como vehículo las múltiples opciones que nos brinda la Industria del **Network Marketing** a través de las **Redes de Mercadeo Multinivel**.

CAPÍTULO II: EL NETWORK MARKETING MULTINIVEL ES UN PROCESO CONTINUO DE FORMACIÓN Y APRENDIZAJE

Networkers del Siglo XXI. Un camino de Formación Permanente

En el portal **NETWORKERS DEL SIGLO XXI ®** estamos comprometidos en enseñar a las personas a ser verdaderos profesionales dentro de la **Industria de Redes de Mercadeo**. Nuestro objetivo es llevar a los nuevos emprendedores las herramientas más actualizadas en el campo y definir los principios esenciales que se necesitan para desarrollar el negocio del **Network Marketing Multinivel**.

En este II capítulo analizare un tema que me parece necesario compartir con ustedes, como parte introductoria del tema del libro en sí. Y tiene que ver con los procesos y las fases que atravesamos al inicio, cuando ingresamos a una compañía de mercadeo en red.

Estas son las 2 fases iniciales por los que pasamos todos los emprendedores al comienzo de nuestro negocio multinivel.

1.- EL DESCONOCIMIENTO DE LA INDUSTRIA:

Cuando arrancamos por primera vez en la industria del network marketing multinivel, al principio no entendemos completamente la **visión** y la **naturaleza del negocio**, dentro de las redes de mercado. Tampoco entendemos del todo cómo funciona la industria, y lo importante que es conectarse al **equipo de apoyo** y **el sistema educativo** para adquirir los conocimientos y el respaldo para consolidar nuestras organizaciones.

Otro de los primeros desafíos que también pasamos al inicio; es desconocer las distintas empresas en el mercado global, sus productos y servicios y los diferentes tipos de planes de compensación que existen en la industria y que nos ofrecen las diversas compañías que utilizan el concepto de negocio en redes de mercadeo multinivel.

Por esta razón; la primera fase es la más difícil, puede durar de unos 6 a 12 meses, y en algunas personas puede durar este proceso de formación y aprendizaje un poco más de tiempo.

En el famoso libro *(SU PRIMER AÑO EN EL NETWORK MARKETING de Mark Yarnell y Rene Reid Yarnell)*. Comentan que: Es en esta **PRIMERA FASE**; donde desertan "abandonan y se retiran" la mayor cantidad de personas de la industria de marketing multinivel, porque en la gran mayoría no están dispuestos a pagar el precio del éxito, ni tienen una serie de hábitos establecidos para poder lograr pasar esta primera fase inicial.

2.- PERIODO DE FRUSTRACIÓN:

Al principio no comprendemos la **visión** y **naturaleza del negocio** y el concepto del network marketing. Pero cuando capturamos la **VISIÓN**, y comprendemos **LA NATURALEZA DEL NEGOCIO** nos llenamos de una pasión, de un entusiasmo y optimismo de hacer un cambio en nuestras vidas, nuestro espíritu se llena de esperanza; comenzamos a soñar nuevamente, porque vemos en la industria de mercadeo en red, un vehículo o un puente para alcanzar nuestras metas y sentimos la necesidad de compartir el mensaje de disfrutar de un mejor estilo y calidad de vida con las personas que conocemos y hacerles saber que podemos gozar de libertad financiera a través de lo que podemos lograr dentro de la industria del multinivel.

En esta **SEGUNDA FASE**; para nosotros, comienza un periodo de frustración. Cuando nos damos cuenta de que las personas a quienes les estamos enseñando y transmitiendo el mensaje; no ven, lo que nosotros vemos, ni sienten lo que nosotros sentimos por esta industria, y lo que es peor no ven la visión y no entienden ni comprenden la naturaleza del negocio.

Ya que ellos al igual que nosotros al principio; están pasando por la **Primera Fase** *desconocimiento de la industria*. Trayendo como consecuencia que muchos de nuestros afiliados o nuevos socios abandonan el proyecto, ante de tiempo. Sin ni siquiera haber pasado por el proceso de formación y aprendizaje inicial de la primera fase y hecho algo a conciencia, para pasar a esta **SEGUNDA FASE** *fundamental que es comprender la naturaleza del negocio y capturar la visión del concepto*.

CAPÍTULO III: PRINCIPIOS PARA CONVERTIRTE EN UN PROFESIONAL DE LA INDUSTRIA DEL NETWORK MARKETING MULTINIVEL

Principios Básicos que debe Comprender un Desarrollador de Redes de Mercadeo

Para complementar la idea del II capítulo, en la cual nos referimos a las 2 primeras fases iniciales; es importante hacer destacar que, para vencer esos 2 obstáculos, debemos prepararnos y estar dispuestos a aprender esta nueva profesión llamada NETWORKER.

Ser un **Empresario en Redes de Mercadeo Multinivel**, es como comenzar a estudiar algo nuevo; que te exige aprender, nuevas cualidades. Entrar en la industria del network marketing, es cómo sacar una carrera universitaria; en la que necesitas graduarte, para ejercer una nueva profesión. Por lo que necesitas primeramente capacitarte, formarte y adquirir los conocimientos para llevar a cabo el negocio de manera profesional.

Lo que quiero decir; es que, ser un networker profesional depende total y absolutamente de ti. Es una responsabilidad que tú decides asumir, es como cuando determinas tomar clases de música, aprender a tocar un nuevo instrumento o desarrollar las destrezas en un arte marcial; por ejemplo, **LO PRIMERO** que se necesita es: *una actitud básica de aprendizaje* y *una mentalidad optimista y positiva*, **LO SEGUNDO** es *el deseo de aprender lo que sea necesario para mejorar tu desempeño* y **LO TERCERO** *es practicar, practicar, practicar* y *tomar acción hasta lograr desarrollar las nuevas habilidades*. (Y estas; características, son las que diferencia a un verdadero NETWORKER de un distribuidor de productos).

Para tener verdaderos resultados consolidados y permanentes en el tiempo en la industria del MLM (multi-level-marketing), necesitas tener una predisposición por aprender constantemente y profesionalizarte en las distintas materias, que se requieren para ser un verdadero networker y empresario exitoso en mercadeo en red, y todo eso depende de solo de ti.

Tú tienes que estar consciente que la industria del network marketing, es algo nuevo para ti, algo que tú no conoces, ni dominas bien todavía, por lo que tienes que ser adiestrable y enseñable para poder asimilar todos estos conocimientos y ponerlos en práctica en tu organización.

Siendo un networker profesional trabajas por tu propia cuenta, por lo que otra característica que necesitas cambiar es la *mentalidad de empleado*; a una **MENTALIDAD EMPRESARIAL** con una **ACTITUD DE LIDERAZGO** e influencia personal centrada en principios y comenzar a formar tu carácter, como un verdadero empresario exitoso en la industria y adquirir nuevos hábitos de autodisciplina, que te permitan hacer las cosas, que tienes que hacer, cuando tengas que hacerlas, quieras hacerlas o no.

Otra recomendación que tienes que tener en mente es recordar que; como empresario independiente, ya no dependes de un jefe, ni horarios de trabajo, por lo que debes planificar tu propio plan de acción diario, semanal, mensual y trimestral. De esta manera podrás evaluar tu progreso, ajustar las estrategias en las diferentes áreas de tu negocio multinivel y mantener la productividad de tu organización, tu estructura, que es la red de mercadeo, tu red de comercialización.

Como todo networker profesional en la industria de redes de mercadeo, cuentas con un **SISTEMA EDUCATIVO DE FORMACIÓN EMPRESARIAL**, que son parte fundamental de tu crecimiento, ya que te brinda las herramientas para capacitarte.

También cuantas, con todo un **EQUIPO DE APOYO**, que es tu patrocinador, tu línea de auspicio y toda la organización de líderes en tu línea ascendente que te respaldara en la construcción de tu negocio.

Por tal motivo tienes que desarrollar el hábito de *conectarte 100% al sistema educativo de formación empresarial y al equipo de apoyo; y enseñar a tu organización hacer lo mismo*, para que puedan activar 100% el **SISTEMA EDUCATIVO de formación empresarial** y el **EQUIPO DE APOYO**; centrado en las bases de la consolidación de las relaciones, la edificación, el trabajo en equipo, el compañerismo, el apalancamiento y vivir los valores esenciales para promover la **DUPLICACIÓN** y la **MULTIPLICACIÓN**, ya que son las fundamentos; que nos permitirán generar regalías, por concepto de ganancias residuales de forma permanente y continua..

Aquí te dejo el link del mi Libro **Kindle - eBook's de Amazon** por si aún no lo has adquirido es el PRIMERO (1ro) de ésta Serie de 3 "Los CICLOS MAESTROS de la DUPLICACIÓN y la MULTIPLICACIÓN en el NETWORK MARKETING, *Principios Universales Para Desarrollar Exitosamente Tú Negocio Multinivel de forma Profesional"* https://www.amazon.com/dp/B01IZTHD0M

CAPÍTULO IV: DESARROLLO DEL LIDERAZGO

Liderazgo Centrado en Principios

Cuando empezamos en la industria de network marketing, se nos pide que hagamos una "lista de nombre de una 100 a 200 personas" donde mayormente comenzamos con nuestros familiares, amigos y conocidos. Personas que tienen una relación directa, de una u otra manara con nosotros. Otro grupo de individuos; que se van agregando a la lista posteriormente, son los referidos, aquellos sujetos recomendados directamente por el primer grupo y así sucesivamente.

Dentro de la industria del network marketing, existen 2 tipos de influencia dentro del liderazgo en el multinivel. Una es **LA INFLUENCIA POSITIVA** y la otra es una *influencia negativa*. Voy a explicarte a que me refiero.

Pregúntate ahora mismo con sinceridad ¿Qué tipo de influencia en tu liderazgo crees que tienes tu entres tus círculos de amistades, conocidos y para con los miembros de tu familia? ¿Qué tipo de influencia crees que transmites tú a las personas que te rodean?

La **Influencia Positiva** y el **LIDERAZGO EN MULTINIVEL** con **MENTALIDAD EMPRESARIAL**; es de suma importancia, para poder tener resultados reales en esta industria. Sin estas 3 características esenciales, es imposible lograr tener organizaciones sólidas, estables y productivas a largo plazo; que nos permitan gozar del estilo y la calidad de vida, que nos proveen las grandes empresas dentro de la industria de mercadeo red.

Como ya hemos aprendido; en los capítulos anteriores. El convertirnos en Networkers Profesionales, requiere convertirnos en personas de influencia y desarrollar un liderazgo centrado en principios, con una MENTALIDAD DE EXCELENCIA EMPRESARIAL.

Y la primera etapa de esa influencia es el ser un **MODELO**, para tu organización y todo el equipo a través del ejemplo.

En las empresas de multinivel tanto la **MULTIPLICACIÓN** como la **DUPLICACIÓN**; son esencial. Ya que son las que nos permitirá generar ingresos residuales, de forma permanente y continua. Por tal razón; tenemos que convertirnos en líderes de influencia con una mentalidad empresarial y desarrollar un liderazgo centrado en principios.

¿Cuál es el motivo te preguntaras? ¿Porque el liderazgo es tan fundamental en este tipo de negocios? La respuesta es:

Porqué nos convertimos en originales, es decir **MODELOS** y ejemplos a seguir para nuestras organizaciones; de donde saldrán las copias o duplicados de ese modelaje, para producir lo que llamamos en esta industria el **EFECTO DE DUPLICACIÓN y Multiplicación en el network marketing.**

Pero si al contrario el original esta defectuoso, es decir; si el modelo a seguir no es ni duplicable, ni profesional. Entonces la influencia en las personas a las que enseñamos por consiguiente tampoco tendrá los resultados que esperamos; ya que lo que nuestras organizaciones, vean en su líder. Es lo que van a duplicar y transferir a sus equipos y organizaciones, sean esto **Hábitos Positivos** o *Negativos*.

Recuerda que el líder marca la pauta y el camino a seguir de sus equipos y organizaciones; bien sea para influir positivamente o no.

Una recomendación fundamental; para poder formarnos como empresarios exitosos dentro de esta industria del network marketing multinivel, es desarrollar un buen liderazgo centrado en principios, con una mentalidad empresarial. Una de las recomendaciones a seguir; es primeramente enfocarnos en nuestra visión, tomar conciencia de quienes somos, en donde estamos, para donde vamos, porque estamos en esta industria y con qué habilidades y destrezas contamos. Para que de esta manera; podamos trabajar íntegramente, con nosotros mismos. En este tipo de conceptos de negocios; tenemos que trabajar primeramente en nuestro ser interior y crecimiento personal. Ya que estas cualidades; están directamente proporcional, al crecimiento de nuestros equipos y organizaciones.

CAPÍTULO V: LIDERAZGO CON PROPÓSITO, REINVENCIÓN PERSONAL

Creando Una Mejor y Mejor Versión de Ti Mismo

Encontrando el sentido a tú vida.

El desarrollarnos como empresarios exitosos y líderes dentro de la industria del multinivel es de suma importancia; y mucho más, cuando estamos construyendo nuestro negocio de mercadeo en red.

Nuestra labor como networkers profesionales; es encontrar un propósito y un sentido de pertenencia en nuestra profesión como **Emprendedores De La Nueva Generación De Empresarios Del Siglo XXI**, que nos permita construir una estructura sólida, crear una organización estable y una red productiva de personas con un mismo fin: "lograr la libertad financiera".

Un verdadero líder y empresario comprometido con la visión, primeramente, debe enfocarse en crear la red de comercialización. Es decir; enfocarse en la construcción de una estructura solida y desarrollar organizaciones productivas, sostenibles en el tiempo, a través de las bases de la **DUPLICACIÓN** y la **MULTIPLICACIÓN** en el network marketing ya que son las fundamentos; que nos permitirán generar regalías, por concepto de ganancias residuales de forma permanente y continua, **conectada 100%** al **SISTEMA EDUCATIVO de formación empresarial** y al **EQUIPO DE APOYO**; centrado en las bases de la consolidación de las relaciones, la edificación, el trabajo en equipo, el compañerismo, el apalancamiento y vivir los valores esenciales que rigen el portal **NETWORKERS DEL SIGLO XXI ®**.

Uno de los deberes de un verdadero empresario multinivel y miembro del extraordinario equipo de **NETWORKERS DEL SIGLO XXI ®** es preocuparse sinceramente por los demás, crear empatía, raptor, valorar y apreciar a todos y cada uno de los miembros de su equipo y de las distintas organizaciones de **downline** y **crossline**. Porque éstos; complementaran, las debilidades unos de otros, aportando a todo el equipo sus propias habilidades y fortalezas.

Esto es; a lo que llamamos, **APALANCAMIENTO**.

Es de suma importancia; poder tomar en cuenta, que muchas personas entran a la industria del network marketing multinivel para sentirse parte de un equipo con identidad, como lo es el portal NETWORKERS DEL SIGLO XXI ®, tener aprobación y reconocimientos por sus aportaciones, transcender y dejar un legado en la vida de cientos y miles de personas, más que por el dinero mismo.

Por lo que un verdadero empresario multinivel y líder exitoso parte del extraordinario **portal NETWORKERS DEL SIGLO XXI ®**, es reconocer los pequeños o grandes logros de cada uno de los miembros de todo su equipo y esto se verá reflejado como resultado positivo, en todas las organizaciones.

El convertirte en líder de tu equipo conlleva muchas responsabilidades. Como es la de apoyar siempre; a cada uno, de los miembros de tu organización, enseñarles con el ejemplo, a través del modelaje en el campo, crea un ambiente de confianza permanente y que ellos sepan que sus derrotas y sus triunfos, también son los tuyos.

Como hemos aprendido hasta ahora; y nos hemos referido en el apartado anterior del apéndice titulado: **Principios Para Convertirte Un Profesional En La Industria Del Network Marketing Multinivel**. Hicimos referencia; que, para sobrellevar los procesos de aprendizaje y convertirnos en un verdadero líder con propósito, deberíamos estar dispuesto a reinventarnos constantemente a nosotros mismos, encontrar sentido a la vida y pagar un precio, que por lo general; no siempre es económico, sino de formación.

Cada uno de nosotros; tiene que estar dispuesto, a pasar por ese proceso de aprendizaje continuo. Porque cada gran líder; que se ha forjado en esta industria de marketing multinivel, es una historia con hazañas y aventuras, con desaciertos y errores, con triunfos y éxitos, con altas y bajas. Pero cada una de esas historias; es un proceso, que te puede ayudar a mantenerte firme en el tiempo, en la construcción de tu negocio.

CAPÍTULO VI: COMO AUSPICIAR CORRECTAMENTE PARA PRODUCIR UN ALTO % DE RETENCIÓN EN EL NETWORK MARKETING

Principios Correctos para Auspiciar de Manera Efectiva

Conocer sobre este tema es primordial para todos los empresarios que quieran desarrollar profesionalmente el network marketing efectivamente, ya que de esto depende el crecimiento de organizaciones sólidas, estables y productivas, manteniendo un alto % de retención en multinivel.

Si aprendemos cómo auspiciar correctamente a las personas que atraemos a nuestro negocio, le enseñamos a **conectarse 100% al equipo y al sistema de formación** y lo guiamos en las primeras etapas de su negocio, vamos a tener un mejor % de retención en nuestras organizaciones; y, por ende, generar un mayor ingreso por concepto de regalías y ganancias residuales.

Antes de continuar con la idea principal; voy a compartir con ustedes algunas otras nociones que considero importante que ustedes conozcan, para que tengan un concepto más claro de lo que se debe realizar, para auspiciar correctamente y producir un mejor % de retención en nuestra empresa de multinivel, y lo que se debería evitar hacer.

Hoy en día existe en la industria de redes de mercadeo un "grupo de nuevos distribuidores inexpertos" que hablan mucho de que éste; es un negocio de reclutar personas, y que mientras más personas reclutes es mucho mejor. Esta ideal es incorrecta, ya que este fenómeno produce que la gente empiece a desconfiar del MLM (multi-level-marketing), por la mala imagen que está recibiendo hoy en día, donde la gente ingresa y se ve completamente sola, sin un sistema educativo correcto y un equipo de apoyo, que lo respalde al inicio de su negocio y les enseñe **Los Ciclos Maestros De La Duplicación Y La Multiplicación En El Network Marketing** y con eso; el problema es, que se reduce la retención en las distintas organizaciones de las empresas de multinivel.

Una de las malas estrategias que también se utiliza hoy en día; que jamás produce resultados reales, y mucho menos retención en la industria, es enseñar el cheque. Muchos nuevos distribuidores creen que el primer cheque grande que tienen "convence" a la gente. Y la realidad es que; esto no es del todo cierto, ya que no se puede ganar miles de dólares de la noche a la mañana.

Sino que se debe pasar por un proceso de formación correcto; por un tiempo considerable a través de un excelente respaldo del equipo de apoyo y un sistema educativo que nos enseñe a auspiciar correctamente y nos permita construir la red de comercialización y consolidar las organizaciones de los desarrolladores y los empresarios comprometidos que hacen el trabajo de forma profesional, en las bases de las relaciones, la duplicación y la multiplicación.

Otras estrategias mal utilizadas comúnmente dentro de la industria de mercadeo en red; que tampoco producen un verdadero auspicio o retención en multinivel, si se aplican incorrectamente, es hablar de forma exagerada, por la emoción de los resultados de otras personas, o enfocarse demasiado en los resultados de los empresarios y líderes con mayores resultados dentro de las distintas compañías o tratar de convencer hablando de las diferentes posiciones que existen en los distintos planes de compensación, por ejemplo: sénior, máster, diamante, doble o triple diamante, oro, rubí, esmeralda, platino, titanio, 4 o 5 estrellas, presidente, gerente, supervisor, embajador, etc.

Ya que tales personajes o posiciones que la gente recién está conociendo, no lo entienden del todo al principio ni tienen mucho significado para ellos. Porque no comprende la naturaleza del negocio; ni ven al comienzo la visión que queremos transmitirles, ya que para ello todo esto es un concepto nuevo y por más que nos afanemos al explicárselo ellos al principio no lo entenderán.

Hoy en día; otra de las cosas que se ven mucho en la industria de multinivel y que deberíamos evitar nosotros hacer también, son los rangos hechos por volúmenes y ventas exageradas de forma lineal para llegar a las posiciones, reclutando a la gente para que compre el paquete más grande de la compañía, solamente por la ganancia que genera su primera compra. Sin tomarnos el tiempo de enseñarles las nociones básicas del negocio, ni conectarlos al equipo de apoyo, ni al sistema educativo de la empresa, y esta mala estrategia también afecta mucho, la duplicación y la retención del nuevo distribuidor.

Por estas razones; entender correctamente que esta industria, para que produzca un alto % de retención en las distintas empresas de multinivel, y produzcan verdaderos ingresos residuales, como estrategia de auspicio, nunca nos deberíamos orientar solamente en hablar de dinero, vender la imagen de una empresa o plan de compensación y peor aún enfocarse en un producto.

Ya como compartí con ustedes; en mi LIBRO **Kindle - eBook's de Amazon** "Los CICLOS MAESTROS de la DUPLICACIÓN y la MULTIPLICACIÓN en el NETWORK MARKETING", en el apartado titulado **EL LÍDER que hay en Ti**; que se ha comprobado a través del tiempo, que los líderes más exitosos y los empresarios más destacados que tienen los mayores resultados dentro de la industria, han sido, los que se han basado en el trabajo de equipo, la formación de sus organizaciones a través de un sistema educativo y en los valores esenciales de la duplicación y la multiplicación, más que en los otros factores mismos, y estos principio son lo que enseñamos en el portal NETWORKERS DEL SIGLO XXI ®.

Como hemos podido aprender hasta ahora qué; las redes de mercado son un concepto de negocio centrado en las relaciones, y funciona mucho mejor cuando existe una asesoría personalizada (Coaching o Mentoría) por parte del patrocinador hacia sus nuevos socios.

Cuando existe un auspicio centrado en la mentoría, coaching o training empresarial, permite al nuevo afiliado sentirse parte de un equipo y un sistema de formación que le guiará y le enseñará en los comienzos de su negocio. Esto; les permitirá, sentir la confianza que necesitan y como resultado producirá un más alto % de retención.

En resumen, como ya lo réferi en los párrafos anteriores, lo que producirá un alto % de retención y generar verdaderos ingresos por conceptos de regalías y ganancias residuales en nuestro negocio, es **AUSPICIAR CORRECTAMENTE** a los nuevos socios *en la base de las relaciones sólidas, la mentoría y la enseñanza fundamentada en la VISIÓN y la NATURALEZA DEL NEGOCIO que les permita comprender que existe un concepto de negocio rentable; llamado red de mercadeo multinivel*.

Una oportunidad real a través de la cual se puede lograr la independencia financiera y hacer los sueños realidad a través de *conectarse 100 % a un equipo de apoyo y un sistema educativo de formación* que les permita capturar la visión y comprender la naturaleza del negocio y crear una organización solida estable y productiva centrada en la **DUPLICACIÓN** y **MULTIPLICACIÓN** por medio de una serie de estrategias que vayan dirigidos hacia los **3 Pilares Del Network Marketing**, que son los **CONSUMIDORES**, los **DISTRIBUIDORES** y los **NETWORKERS PROFESIONALES.**

Estrategias diferentes para cada caso, es decir una forma profesional de trabajar para cada uno de los **3 PILARES** que formen parte del mismo sistema educativo y cuenten con el respaldo de todo el equipo.

NOTA: De estos **3 Pilares Del Network Marketing**, que son los **CONSUMIDORES**, los **DISTRIBUIDORES** y los **NETWORKERS PROFESIONALES** hablare más detalladamente en capítulos subsiguientes.

CAPÍTULO VII: ¿POR QUÉ ES IMPORTANTE TENER UN PROPÓSITO CLARO Y UN SUEÑO BIEN DEFINIDO PARA DESARROLLAR NUESTRO NEGOCIO MULTINIVEL?

Descubriendo nuestra Misión y Visión dentro de la Industria del Mercadeo En Red para Escoger Correctamente la Compañía con la cual trabajar y Desarrollar Nuestro Negocio de forma Profesional.

Como aprendiste en el primer capítulo, del LIBRO **Kindle - eBook's de Amazon** "Los CICLOS MAESTROS de la DUPLICACIÓN y la MULTIPLICACIÓN en el NETWORK MARKETING" titulado el **CICLO MENTAL DEL ÉXITO**. Hablo de la importancia que es tener o definir claramente nuestros sueños y metas. Y aprendimos que "el sueño es la fuente de energía; aquello que nos motiva y nos impulsa a ir más allá de nuestras limitaciones, el deseo ardiente, por lograr conquistar aquello que tanto anhelamos. Es algo tan poderoso y tan grande que cuando forma parte de nosotros mismos nos inspira a tomar acción en nuestro negocio de multinivel, y nos permite seguir adelante cuando nuestra mente, personas o circunstancias nos dice no podemos más. Es; al fin y al cabo, la razón por la cual emprendemos nuestro negocio multinivel".

Y es por esta razón; que la gran mayoría de las compañías de multinivel y sistemas educativos que existen en la industria, hablan de la importancia de definir claramente los sueños. Ya que este es el primer pasó y para muchos nuevos empresarios el más importante.

Durante el análisis, a las diferentes empresas y compañías de multinivel y sistemas educativos que estudie y analice previamente antes de escribir mi LIBRO **Kindle - eBook's de Amazon "Los CICLOS MAESTROS de la DUPLICACIÓN y la MULTIPLICACIÓN en el NETWORK MARKETING** - *Principios Universales Para Desarrollar Exitosamente TÚ NEGOCIO MULTINIVEL DE FORMA PROFESIONAL"*. Encontré que este paso; de definir un sueño en el multinivel, es uno de los más importantes. Así como tener una visión; clara que te permita seguir adelante, pese a las adversidades y estar dispuesto a disfrutar el precio a pagar; en el proceso de aprendizaje y formación, mientras se construye la red y se consolida la organización.

Nada en esta industria de multinivel es realmente sencillo. Ya que se requiere; de un proceso continuo de formación, necesario para construir una estructura u organización sólida, estable y productiva. Y el definir un sueño en el multinivel, te podrá mantener vivo en esta oportunidad que te brinda las Redes de Mercadeo.

Tener un propósito definido de lo que deseamos lograr alcanzar, gracias a esta industria del network marketing y definir un sueño claro de lo que queremos llegar a ser, hacer y tener. Se convertirá en esa fuerza motivadora que nos impulsa a dar los primeros pasos en nuestro negocio.

Para definir ese propósito; y tener claro nuestros sueños, deberíamos hacernos las siguientes preguntas:
¿Por qué quieres hacer multinivel con?
¿Qué deseas alcanzar lograr en esta industria?
¿Cuáles son los verdaderos valores que te motivan a desarrollar este negocio?
¿Cómo te proyectas en los próximos 2, 3 y 5 años en tu negocio de redes de mercadeo?
¿Qué legado te gustaría dejar, como parte de ser miembro de los emprendedores del network marketing, la nueva generación de empresarios del siglo XXI?
¿Qué significa para ti, ser un empresario en marketing multinivel?
¿Qué tan comprometido estas por conquistar tus sueños, alcanzar tus metas y lograr tus objetivos?
¿Por qué es esta empresa que escogí para comenzar a desarrollar mi negocio como NETWORKER, la apropiada para desarrollar mi negocio de manera profesional?

La industria de redes de mercadeo indiscutiblemente hoy en día; puedo asegurarte, que es, una de las mega tendencias económicas de mayor crecimiento e impacto global, expansión y consolidación mundial en el siglo XXI. Y es una de las profesiones o carreras profesionales mejor pagadas en los últimos años.

Pero para lograr los resultados; hay que hacer una buena selección entre todas las empresas de multinivel que existen en el mercado, y escoger aquella compañía con la que te sientas más identificado, según ciertos puntos y criterios que consideraremos a continuación según las opiniones de los expertos.

En el próximo capítulo voy a compartir contigo, cuatro (4) recomendaciones importantes, para que puedas considerar elegir una empresa de NETWORK MARKETING adecuado para ti que te permita lograr tus objetivos, conquistar tus sueños y consolidar tus metas... y estas 4 recomendaciones son:

- ✓ La Compañía y su Administración
- ✓ Los Producto y su Biotecnología
- ✓ El Plan de Compensación
- ✓ El Sistema Educativo y El Equipo

CAPÍTULO VIII: CUATRO (4) RECOMENDACIONES IMPORTANTES, A LA HORA DE ELEGIR UNA EMPRESA DE NETWORK MARKETING

Como hacer una buena selección entre todas las empresas de multinivel que existen en el mercado

En éste VIII capítulo voy a enseñarte las cuatro (4) sugerencias más importantes para tener en cuenta, para elegir correctamente una empresa de NETWORK MARKETING que se adapte a tus necesidades, talentos y aspiraciones; y estas son las 4 claves para estudiar:

- ✓ La Compañía y su Administración
- ✓ Los Producto y su Biotecnología
- ✓ El Plan de Compensación
- ✓ El Sistema Educativo y El Equipo

1.- LA COMPAÑÍA Y SU ADMINISTRACIÓN

¿Quiénes son los dueños de la compañía? ¿Qué experiencia en multinivel tienen los corporativos de la empresa? ¿Cuántos años tiene operando la compañía en la industria? ¿En cuántos países se encuentra abierta, y con cuantas oficinas cuentan en cada uno de esos países? ¿En qué momentum o etapa se encuentra la compañía en tu país y en tu continente? ¿Está la compañía entre las primeras 100 de mayor crecimiento, expansión y consolidación en el mercado en los últimos años? ¿Qué solides económica tiene la compañía y con qué respaldo financiero cuentan los corporativos de la empresa? ¿Con que estructura física cuanta a nivel mundial? ¿Tiene oficinas a nivel internacional que respaldan el trabajo de los distribuidores y empresarios en cada país que se encuentra? ¿Esta su filosofía de trabajo, centrada en el apoyo, respaldo y crecimiento de los nuevos distribuidores y los empresarios comprometidos que desarrollan el negocio a tiempo completo?

Estas son preguntas importantes para tener en cuenta, al momento de seleccionar; a que empresa unirte, para comenzar a desarrollar tu negocio de forma profesional dentro de la industria. Las recomendaciones de los diferentes expertos en la materia; es que la empresa que elijas, tanto los dueños, fundadores y los corporativos tenga una amplia experiencia en el concepto del network marketing, que conozca la industria, tengan experiencia y haya trabajo en el campo por muchos años, y sobre todo tenga una gran solide económica y un crecimiento exponencial sostenido a través del tiempo.

2- LOS PRODUCTO Y SU BIOTECNOLOGÍA

Estos deben contar con una gran variedad de líneas especializadas en distintas áreas; de la más alta biotecnología de avanzada, y contar con estudios e investigaciones científicas, con respaldo médico y métodos únicos de extracción, exclusivos, con patente de excelencia y productos de vanguardia que se encuentre en armonía con la tendencia de la salud y bienestar.

Los productos deben ser re consumibles, de consumo masivo, con gran demanda en el mercado, pero solo accesibles a los consumidores por medio único y exclusivo a través de los distribuidores y empresarios independientes de la compañía, para garantizar una larga vida productiva que puedas asegurar el futuro del negocio de los asociados.

Es importante que los productos también tengan un respaldo científico y estudios comprobados. Y los científicos e investigadores deben ser reconocidos de talla mundial y haber ganado premios por sus investigaciones y aportaciones en el campo de la salud y el bienestar.

La compañía debe contar con sus propias estructuras físicas, científicos, investigadores, laboratorios, plantas de producción entre otros, para asegurar un excelente control de calidad.

Todos estos aspectos son significativos al momento de evaluar un producto. Pero lo más elemental; **ES QUE EL PRODUCTO DE LA COMPAÑÍA QUE ESCOJAS SEA IMPORTANTE Y RELEVANTE PARA TI**, que puedas consumirlo regularmente, y te conviertas en producto del producto.

Recuerda; que lo más importante, no es tener solamente el mejor producto del mundo, sino que el producto sea el mejor y más adecuado para ti, que tú te sientas completamente identificado con él y que sea de tu más completo agrado.

3- EL PLAN DE COMPENSACIÓN

Este punto es de suma y vital importancia, y para ello tienes que haber determinado; el por qué escogiste hacer redes de mercadeo, cuáles son los principios y los valores que te impulsa a desarrollar un negocio de network marketing y sobre todo saber a dónde quieres llegar con esta oportunidad, para saber qué tipo de plan de pago o plan de compensación; va más de acuerdo con tus necesidades, tus talentos y habilidades sociales, comerciales y empresariales.

Al escoger una empresa de multinivel es sumamente importante analizar a fondo; qué tipo de plan de pagos tiene la compañía y examinar que plan de compensación utiliza: **PLAN MATRIZ** o *Matriarcal*, **PLAN ESCALONADO** *por*

Ruptura, **PLANES HÍBRIDOS** con *Compresión Dinámica*, **PLAN UNINIVEL** o *Unilevel Híbrido*, **PLAN BINARIO** o *Plan Binario Híbrido*...

Qué fomenta el plan de pagos: la **VENTA**, el **RECLUTAMIENTO, LA FORMACIÓN DE EQUIPOS** o promueve **EL TRABAJO SINÉRGICO EN LAS 3 ÁREAS** de manera equilibrada.

Como distribuyen sus bonificaciones; pagan más al principio, en los niveles medios o en los rangos más altos. Hay compañías que pagan mucho dinero al principio, cortando la profundidad. Otras que no pagan bien el principio ni al medio, sino solamente en altos rangos, y solo una pequeña minoría de compañías tienen un plan de pago justo y equilibrado que promueve al pequeño empresario (**cliente**), medianos empresarios (**distribuidores**) y a los grandes empresarios (**networkers profesionales**) así que debes escoger sabiamente.

NOTA IMPORTANTE: *(De los Planes de Pagos y Planes de Compensación, explicare detalladamente más adelante).*

En este tipo de industria, tú eliges el ritmo y la velocidad con que quieres correr en tu negocio. Y tú eliges el tipo de plan de compensación que vas a desarrollar; en base a tus gustos y preferencias, habilidades y que se adapte bien a tu organización, a tu equipo de trabajo y al sistema educativo.

4- EL SISTEMA EDUCATIVO Y EL EQUIPO.

Muchas compañías tienen las primeras tres cualidades, haciendo el mercado competitivo, al momento de seleccionar una empresa de multinivel. Pero la gran mayoría de ellas; carecen de la herramienta o el principio de éxito más importante y fundamental de todos en esta industria; que es: "**EL SISTEMA EDUCATIVO DE CAPACITACIÓN Y FORMACIÓN EMPRESARIAL Y EL EQUIPO DE APOYO**".

Sin un sistema educativo de formación empresarial adecuada y un equipo de apoyo, que te respalde, al principio de tu carrara, como profesional en redes de mercadeo multinivel o emprendedor en el network marketing, sería imposible alcanzar las metas y objetivos que se pueden lograr en estas grandes corporaciones y compañías, entre ellas:

Convertirte en líder dentro de la industria y crear una gran estructura solidad y desarrollar una organización estable y productiva que se mantenga en el tiempo y te permita disfrutar a largo plazo de los ingresos residuales por concepto de regalías, que nos permita disfrutar de libertad financiera y un estilo y calidad de vida, donde podamos disfrutar del tiempo, el dinero y la salud, que es finalmente; el propósito, por el cual, entramos en este tipo de concepto de negocio.

Es importante al momento de evaluar "*El Sistema Educativo de Capacitación y Formación Empresarial y El Equipo de Apoyo*"; preguntarnos ¿Hay un plan de trabajo bien definido en tu equipo? ¿Está el sistema educativo centrado en la capacitación, formación y adiestramiento del equipo? ¿Existe un equipo con identidad en tu compañía? ¿Está el sistema educativo edificado en las bases de la duplicación y la multiplicación de tu negocio? ¿Cuál es la misión y visión de propósito del equipo? ¿Se centra el sistema y tu equipo en la base de los principios y los valores? ¿Está el sistema y tu equipo comprometido en el crecimiento personal y profesional de toda la organización? ¿Está el sistema y tu equipo comprometido con la excelencia empresarial, con una mentalidad de liderazgo, fundamentada en las bases de las relaciones, el trabajo en equipo y la edificación constante de todos los miembros de la organización? ¿Cuántos países abarcan ese sistema educativo, y está respaldado por todo el equipo de trabajo? ¿Tiene logística online y presencial el sistema educativo y el equipo de apoyo?

En fin, este podría ser uno de los puntos más importantes, al momento de evaluar y al momento de escoger una compañía en la industria mercadeo en red multinivel.

Lo importante es; que, al momento de seleccionar una compañía, a la cual dedicarte como un profesional en la industria del network marketing y convertirte en un empresario en redes de mercadeo; es que te sientas identificado con su sistema educativo y tengas mucha sinergia con el equipo de trabajo, con quien decidiste comenzar tu proceso de formación empresarial.

La clave del éxito en este tipo de negocios; es que a través "*Del Sistema Educativo de Capacitación y Formación Empresarial y El Respaldo del Equipo De Apoyo*"; puedas comenzar a lograr tener los resultados, en base a los 3 pilares fundamentales del marketing multinivel que son: **AUSPICIO**, **RETENCIÓN** y **MOVIMIENTO DE VOLUMEN**, que es finalmente lo que te permitirá, crear una estructura organizacional sólida y construir una organización estable y productiva que se mantenga en el tiempo.

CAPÍTULO IX: PLANES DE COMPENSACIONES EN EL NETWORK MARKETING

Los Diferentes *Planes de Pagos* y Planes *de Compensación* que existen en la Industria de las Redes de Mercadeo Multinivel.

Ahora vamos a analizar los distintos planes de compensación que existen en las diferentes empresas de network marketing. Ya que conocer las diversidades existentes de planes de pago es importante a la hora de elegir el mejor plan de bonificaciones dentro de la industria de redes de mercadeo ya que esto es fundamental para el éxito en este tipo de negocios multinivel.

PLANES DE COMPENSACIÓN QUE EXISTEN HOY EN DÍA:

- Plan 2-UP Australiano
- Plan Matriz o Matriarcal
- Plan Escalonado por Ruptura
- Plan Uninivel o Unilevel Hibrido
- Plan Binario o Plan Binario Híbrido

Estos son los 5 planes de compensación más conocidos y con mayor popularidad que existe hoy en día en la industria del NETWORK MARKETING o Redes de Mercadeo Multinivel con pequeñas variaciones entre ellos por supuesto.

EL PLAN DE COMPENSACIÓN 2 UP AUSTRALIANO

El Plan de Compensación "**2 UP Australiano**" surgió en la década de los años 80 aproximadamente. Aunque se creó en Estados Unidos, se utilizó principalmente en Australia.

Hoy en día; son muy pocas las compañías de multinivel, que la utilizan. No más del **2 %**; son las empresas que emplean este tipo de plan obsoleto, debido principalmente a los problemas que representa.

Hoy en día; se puede afirmar que es un plan de compensación que no ha conseguido sobrevivir al paso de los años, y prácticamente ha desaparecido y se encuentra en especie de extinción.

Los expertos más reconocidos de la Industria de Mercadeo en Red Multinivel a nivel mundial la puntualizan y califican en tan solo sobre el 1 % de efectividad en comparación al 10 % en la escala de los PLANES DE COMPENSACIÓN MÁS RENTABLES Y CONOCIDOS.

Es por esta razón; que es la menos indicada para desarrollar, y la más rechazada por la gran mayoría de los expertos en la industria. Por eso debes EVITARLA a toda costa.

Este tipo de plan de compensación debes ¡CUIDADO! EVITARLA – *PELIGRO*... Si estás en tu sano juicio, ni se te ocurra jamás entrar en algún tipo de empresa o compañía que utilice este concepto 2-Up como plan de pago.

Este tipo de plan de compensación ha sido utilizado mayormente por compañías muy variadas poco serias, entre las que destacan las agencias de viaje, los fondos de inversión, las empresas de formación virtual, programas de reducción de impuestos entre otras.

Características del plan de compensación 2 UP australiano

Este plan de pago recibe su nombre por motivo de que siempre los dos primeros patrocinados que tú inscribas personalmente nunca van a pertenecer a tu línea de auspicio directamente. Sino que pasarán automáticamente a ser parte de tu Upline. Es decir, que los primeros dos (2) patrocinados que tú consigas, se los quedaría tu patrocinador directo, y los siguientes que tú trajeras al negocio son los que serían para ti. A saber, a partir del tercer (3er) auspiciado en adelante.

Pero aquí es importante hacer hincapié en un aspecto muy importante que también debes saber. En este tipo de plan de compensación si por ejemplo uno o los dos primeros patrocinados que se han quedado con tu Upline o patrocinador directo, no hicieran su negocio multinivel, tú tendrías que volver a proporcionarles otros uno o dos nuevos patrocinados más. Debido a esta forma irregular de este plan, muchos networkers profesionales tenían la sensación de que estaban trabajando más para su Upline que para ellos mismos.

Al principio de la década de los 80; cuando se comenzó a popularizar el lanzamiento del 2 UP australiano, los nuevos distribuidores que comenzaban en una empresa de multinivel que utilizara este tipo de plan de compensación terminaban frustrados, porque veían que les costaba mucho más inscribir a sus primeros dos o más patrocinados, ya que en ocasiones luego de haber pasado un tiempo muchos de ellos pasaban a hacer parte de su Upline.

Al igual que existen planes de compensación 2 Up Australiano, también hay versiones como la 1 UP y 3 UP, en los que tu Upline se quedaría con tu primer patrocinado o con tus tres primeros patrocinados respectivamente.

PLAN MATRIZ O MATRIARCAL

El Plan de Compensación Matriz o Patriarcal surgió en la década de los años 80 aproximadamente como alternativa al plan escalonado por ruptura.

Es uno de los planes de compensación más simple de visualizar, enseñar, explicar y entender en las presentaciones de negocios.

Una de sus debilidades más implacable para los NETWORKER PROFESIONALES son sus múltiples limitaciones tanta de frontalidad como de profundidad para todos los integrantes de la matriz.

En algunos planes matriciales de las compañías más destacadas se incorporan ciertos bonos rápidos para brindar incentivos de auspicio de nuevos distribuidores y bonos extras por movimiento de volumen en ventas.

Las disposiciones más utilizadas en los últimos 40 a 20 años en la industria de redes mercadeo, podríamos enfatizar como las más comunes las siguientes: Las Matrices **2 X 9**, 2 X 12, 3 X 9, 4 x 7, 5 X 7 y 7 X 2.

Para explicar un poco el plan matriz **2 x 9**... El 1er numero (el dos - **2**) representa cuantos patrocinados directos tienen permitidos en tú frontalidad y el 2do numero (el nueve **9**) representa cuantos niveles de patrocinados directos o indirectos tanto por ti, como por tu organización están permitidos en tú profundidad.

Para seguir con la idea del ejemplo anterior del plan matriz **2 x 9**. Cuando tú auspicias a un 3er o un 4to patrocinado directo, ocurre algo llamado, el efecto desborde. Es decir; ese nuevo distribuidor de tu creciente organización se colocará en alguna de tus generaciones inferiores hasta un máximo de 9no nivel de profundidad. Una vez llegado al tope permitido por el plan de compensación del plan matriz **2 x 9**. A saber **2** frontales directos por **9** niveles de profundidad; tu organización se estanca, y tus ingresos se limitan. Hasta ahí es tu crecimiento en esa empresa ya que cuando una matriz está llena, la nueva actividad de auspicio que se lleva a cabo más allá de los niveles de cobro, en la mayoría de los casos limitan el acceso de los bonos a los NETWORKER PROFESIONALES.

Este tipo de planes de compensaciones **MATRIZ** o **MATRIARCADO** es utilizado generalmente por compañías de multinivel reconocidas tanto antiguas, como una que otras nuevas en el mercado, mayormente enfocadas a las ventas directas de productos, bienes o servicios, así como también existen empresas que también la utilizan como clubes de compras, programas de afiliados por internet que claramente son también programas de venta directas y compañías de comercialización por suscripción, entre otras.

Los expertos más reconocidos de la Industria de Mercadeo en Red Multinivel a nivel mundial la puntualizan y califican en tan solo sobre el 3 % de efectividad en comparación al 10 % en la escala de los PLANES DE COMPENSACIÓN MÁS RENTABLES Y CONOCIDOS.

Este tipo de plan de compensación tiene una gran desventaja, porque genera distribuidores perezosos. Ya que, si ellos tienen la idea de que le caerá inscritos por el efecto desborde ¿Entonces para qué se van a molestarse en inscribir gente nueva?

Este tipo de plan de compensación fue diseñado principalmente para novatos, vendedores y distribuidores ya que pagan muy bien al principio, e incentiva con altas comisiones en los primeros niveles. Pero son poco recomendable para líderes y empresarios comprometidos y nada rentables para los **NETWORKERS PROFESIONALES**. Ya que la mayoría de estos planes de compensación paga mensualmente un pequeño % entre los diferentes niveles de arriba, es decir mayormente gratifica entre un 30 y un 40 % en los primeros 3 niveles y paga un escaso 1 al 5% en el resto de la matriz, ocasionando un auspicio mayormente en los primeros niveles y poca actividad en la profundidad.

PLAN ESCALONADO POR RUPTURA

Uno de los planes de compensaciones más antiguos y tradicionales en la industria del mercadeo en red, y por ende una de las más obsoletas también. Utilizada por las primeras compañías de multinivel en los primeros años en este tipo de comercialización, por lo que hoy en día aun es la más común y conocida entre las empresas más renombradas de aquella época creada entre los años 70, 80 y 90.

Enfocada más en el reclutamiento permanente de nuevos distribuidores frontales directos, así como en las ventas directas y los altos movimientos de volúmenes de compras de productos, bienes y servicios tanto personales como grupales.

El Escalonado por Ruptura se caracteriza porque a medida que se vas subiendo por la escalera de los distintos peldaños del plan de compensación, vas obteniendo descuentos al por mayor del producto y unas mayores comisiones por la venta directas tanto personales como por parte de tú organización. Por tal razón obliga a los empresarios comprometidos y los distribuidores hacer un mayor número de compras innecesarias y movimiento exagerados de volumen de productos.

Este plan también es conocido como el plan 'full time' ya que para desarrollarlo eficazmente hay que dedicarle un mayor número de horas y tiempo.

Se requiere ir subiendo constantemente de rango en la escalera del plan de compensación; produciendo fatiga y desgaste. Ya que se hace cada vez más complicado, fatigoso y difícil mantener el rango y activa toda la organización.

A medida que los nuevos distribuidores que patrocinamos directamente van ascendiendo por la escala de rangos del plan de compensación de la compañía van obteniendo mayores comisiones por sus ventas en el volumen de compa de sus respectivas organizaciones, mientras que, a su vez, las comisiones del líder comprometido van disminuyendo hasta en 1 a 5 % del cobro total de bonificaciones.

Este tipo de plan te permite tener anchura ilimitada, es decir un número ilimitados de frontales patrocinados directamente en tu primera línea o nivel, pero te limitan en la profundidad de tu estructura y organización. Limitando así tus comisiones por volúmenes de ventas grupales movidos en tus niveles fuera del rango de pago. Por ende, ha perdido mucha popularidad, ya que no incentiva el trabajo en equipo, el liderazgo, el apalancamiento, la duplicación y la multiplicación ya que a medida que tus distribuidores van ascendiendo a los mayores rangos, te nivelan o te superan aparece un rompimiento en tu organización y en tu estructura, y a esto es lo que se le conoce como **RUPTURA**.

Se denomina **RUPTURA** porque si en algún momento inesperado, algunos de los distribuidores o líderes que pertenecen a tú estructura o red de comercialización van logrando cierto nivel de rango similar al tuyo o te superan en la escalera del plan de compensación se rompen o separan de tu organización inicial y se juntan con sus propios integrantes de su red, formando así sus propias estructuras diferentes a la tuya. Aunque en la mayoría de los casos recibes un porcentaje residual por todo el volumen grupal de esa pata o ramificación, esta solo representa una pequeña comisión.

Aunque los expertos más reconocidos de la Industria de Mercadeo en Red Multinivel a nivel mundial la puntualizan y califican en un 7 % de efectividad en comparación al 10 % en la escala de los PLANES DE COMPENSACIÓN MÁS RENTABLES Y CONOCIDOS. Para llegar a los más altos niveles, se requiere de mucho esfuerzo, dedicación y sobre todo mucho pero mucho tiempo e inversión.

PLAN UNINIVEL O UNILEVEL HIBRIDO

Uno de los planes de compensación más utilizados hoy en día por las nuevas empresas de multinivel, con algunas variaciones entre unas y otras. Pero a la hora de diferenciar su metodología de comercialización por las cuales se destacan; es que te permite tener frontalidad ilimitada, pero con limitaciones en la profundidad. Es decir que paga comisiones interesantes en tu frontalidad y esencialmente en tus primeros 3 niveles, pero luego comienza a disminuir el pago de bonificaciones por un cierto número específico de niveles de profundidad designados por la compañía limitando así tus ingresos potenciales en la profundidad tu organización.

Algunas de las mejores empresas más rentables en la industria, tienen un concepto interesante llamado **COMPRESIÓN DINÁMICA**, que te favorece en tu estructura o red de comercialización. Incentivando el apalancamiento, el trabajo en equipo, el liderazgo, la duplicación y la multiplicación en tus organizaciones. Aunque es importante aclarar que muchas otras empresas que utilizan este mismo plan de compensación **UNINIVEL** o **UNILEVEL HIBRIDO** no utilizan este concepto de **COMPRESIÓN DINÁMICA** haciéndolas menos competitivas y rentables en el mercado.

Este tipo de plan de compensación mayormente promueve el reclutamiento constante de nuevo distribuidores, lo que las hace muy activa, produciendo agotamiento a largo plazo en los lideres comprometido y NETWORKER PROFESIONALES, porque algunas de estas compañías promueven planes de compensaciones, sin **COMPRESIÓN DINÁMICA** que no permiten fomentar el trabajo en equipo que generen sinergia entre las distintas organizaciones de la red, haciendo que todos los miembros de las organizaciones tanto downline como crossline sean competencia entre sí.

Todos los distribuidores que afilias directamente se les conocen en este tipo de plan de compensación como tu primer nivel o hijos directos, y los que ellos afilian son tu segundo nivel nietos, y así sucesivamente hasta llegar al nivel límite de profundidad asignado por la compañía. En el **uninivel** o **unilevel hibrido** por cada generación, hijo, nieto, bisnieto o peldaño de la escala de rango recibes un % sobre el volumen de producto que mueve ese nivel en particular durante ese mes natural.

Dado que el uninivel no es un plan de compensación tan lucrativo por si solo como otros planes más competitivos, generalmente se utiliza combinado de otros tipos de planes pago, creando así lo que conocemos como el unilevel híbrido.

En la gran mayoría de las empresas más rentables de la industria de redes de mercadeo que utilizan este tipo de plan de compensación, no exigen un volumen de compras mensuales de alto consumo o ventas de productos, lo cual permite una retención en la organización mucho mayor que en los planes escalonado o por ruptura que ya hemos estudiado. Por tal razón, se le conoció en la década de los 90 como el plan de compensación part time, porque gracias a que su metodología de comercialización no era tan agresiva en el venta y movimiento de producto permitía dedicarles medio tiempo a los distribuidores y networker profesionales lo que generaba que se invirtiera tiempo en duplicar el sistema educativo e incentivar el trabajo en equipo.

Una de las desventajas más conocidas de este tipo de plan es que en la mayoría de las compañías que promueven este tipo de plan de compensación exigían que para cambiar de rango y mantener una posición no se pueden descuidar los primeros 3 niveles de tu estructura organizacional.

Otras de las características que lo identifica es que para mantener la jerarquía en un rango determinado tienen que mantener varios líderes comprometidos de tu organización activos, sustentados por un buen número de seguidores a lo que se le suele llamar patas modelos, que en su mayoría de los casos se representaban entre 3 a 6 desarrolladores.

Y para resaltar lo que más destaca en este tipo de plan de compensación es el concepto de compresión dinámica que utilizan ciertas empresas con planes híbridos, lo que permite en las diferentes organizaciones una equilibrada sinergia asiendo el plan **unilevel hibrido** una de las características más revolucionarias de los planes de compensación modernos.

Los expertos más reconocidos de la Industria de Mercadeo en Red Multinivel a nivel mundial puntualizan y califican este tipo de planes de compensaciones híbridos en un 8 % de efectividad en comparación al 10 % en la escala de los PLANES DE COMPENSACIÓN MÁS RENTABLES Y CONOCIDOS. Haciendo este tipo de plan uno de los más rentables.

PLAN BINARIO O PLAN BINARIO HÍBRIDO

Y para finalizar, con el top de los planes de compensación voy a compartirte el que en mi opinión es uno de los mejores planes de pago en el mercado multinivel que existe hasta el momento y son los **PLANES BINARIOS HÍBRIDOS**.

Como te comentaba uno de los planes de compensación más sencillo de entender son los **PLANES BINARIOS HÍBRIDOS**. Ya que te permite auspiciar 2 personas en cada lado al inicio de tu negocio, es decir promueve la creación de 2 equipos de trabajo, patas modelos o líneas, conocidas como izquierda y derecha que deberás ir alimentando con el auspicio de nuevos socios cada día, en las diferentes patas o líneas según la necesidad o estrategia de crecimiento que vayas a desarrollar e implementar en tu organización.

En otras palabras; los **PLANES BINARIOS HÍBRIDOS** permiten a los líderes que patrocinar a 2 nuevos socios, que a su vez patrocinaran a 2 nuevos distribuidores más en cada lado y así sucesivamente, hasta hacer crear una gran estructura organizacional.

Cabe destacar que cuando me refiero al ejemplo de auspiciar 2 personas en cada lado, es como parte del inicio de arranque de tu negocio. A fin de comenzar el proceso de duplicación y multiplicación exponencial. Ya que el mismo modelo conque iniciamos el modelaje es el mismo proceso que utilizásemos para enseñar a nuestros nuevos asociados; que a su vez patrocinaran a 2 nuevos distribuidores más en cada lado y así sucesivamente hasta ir creando una organización sólida, estable y productiva.

Ya que es **IMPORTANTE RECORDAR** para crear grandes estructuras y organizaciones que se mantengan en el tiempo, tenemos que patrocinar y auspiciar constantemente nuevos clientes, distribuidores, desarrolladores y networker profesionales cada día, que nos permitirá tener en constante crecimiento real y exponencial en nuestra red.

Una de las características más notables del **BINARIO** es que te limitan la frontalidad a 2 equipos, líneas o patas modelos, pero los **PLANES BINARIOS HÍBRIDOS** te compensan con profundidad ilimitada, es decir la oportunidad de cobrar comisiones, bonificaciones y regalías residuales por todos los miembros de tu organización en ambas extremos, según las requisitos de clasificación que promuevan las distintas empresas con este tipo de planes que varían unas de otras, pero con ciertas similitudes en la mayoría de los casos.

Esta ventaja permite que muchas empresas que utilizan este tipo de planes de compensación **BINARIOS HÍBRIDOS** crean muy buena sinergia de equipo, ya que promueven la formación de 2 equipos solamente, permitiendo apalancar ambas líneas simultáneamente a través de Los CICLOS MAESTROS de la DUPLICACIÓN y la MULTIPLICACIÓN en el NETWORK MARKETING, que son *Principios Universales Para Desarrollar Exitosamente Tú Negocio Multinivel de forma Profesional*. Permitiendo un excelente trabajo en equipo entre todas las organizaciones, promoviendo el auspicio y patrocinio de nuevos integrantes cada día, que se irán incorporando en tu profundidad en ambas líneas a saber en tu pata izquierda y derecha.

Es importante resaltar nuevamente que los planes de compensaciones **BINARIOS HÍBRIDOS** son uno de los planes de pago más modernos, y los que cuenta con un mayor número de diversas variaciones siendo algunos más rentables y competitivos que otros.

Una de las estrategias recomendadas para desarrollar este tipo de planes **BINARIOS HÍBRIDOS** es alterna la construcción de la red sinérgica y equilibradamente con el auspicio y patrocinio de nuevos integrantes por los 2 lados. Eso permitirá mantener tanto la línea izquierda como la línea derecha en constante crecimiento. Los expertos recomiendan fortalecer una pata modelo a la vez; por ejemplo, la izquierda primero y luego fortalecer la pata derecha, luego viceversa y así sucesivamente para mantener ambas organizaciones produciendo comisiones, bonificaciones e ingresos por conceptos residuales según las exigencias, pautas o normativas de la empresa a la que representes.

ES IMPORTANTE ACOTAR QUE: En la gran mayoría de los distintos tipos de planes de compensaciones más modernos desarrollados en los últimos 20 años se puede tener éxito y ganar mucho dinero, mayormente en los del tipo **HÍBRIDOS;** bien sean **Escalonados, Uninivel** o **Binarios.** Lo importante es saber que en cualquier plan de compensación que escojas trabajar y dedicar tu tiempo deberás auspiciar y patrocinar personalmente nuevos clientes, distribuidores, desarrolladores y empresarios comprometidos o NETWORKER PROFESIONALES y ejercer tu **LIDERAZGO centrado en principios** con una **MENTALIDAD EMPRESARIAL** para que el auspicio y patrocinio sea efectivo. Y una de las claves para crear una red de mercadeo sólida estable y productiva es enseñar a tus líderes y nuevos socios **conectarse 100%** al **SISTEMA EDUCATIVO de formación empresarial** y al **EQUIPO DE APOYO**; centrado en las bases de la consolidación de las relaciones, la edificación, el trabajo en equipo, el compañerismo, el apalancamiento y vivir los valores esenciales que promuevan la **DUPLICACIÓN y la MULTIPLICACIÓN en el NETWORK MARKETING MULTINIVEL** ya que son las fundamentos; que nos permitirán generar regalías, por concepto de ganancias residuales de forma permanente y continua.

Recapitulando lo aprendido; podemos decir que, hoy día los planes de compensación en la industria del mercadeo en red han evolucionado de tal manera que muchos de los planes de compensaciones **HÍBRIDOS** son los que tienen mayor aceptación, donde se mezcla lo mejor de un plan, con las ventajas de otro. Esta es la última evolución del multinivel y muchas compañías lo están adaptando dentro de sí.

La nueva ola dentro del network marketing; apunta a que los planes de compensaciones **BINARIOS HÍBRIDOS**, sean uno de los más rentables en la industria. Ya que mezcla lo mejor de los planes **UNINIVEL** o **UNILEVEL**, con las ventajas del plan **BINARIO**; esto permite un mejor trabajo en equipo, apalancamiento, desarrollo de liderazgo e incentivando la sinergia en las organizaciones, que permite generar mayores ingresos residuales a través de la formación de estructuras sólidas, estables y productivas.

Tenga la seguridad y la plena certeza que los planes de compensación en multinivel seguirán evolucionando años tras año, y seguirán mejorando con el pasar del tiempo, con el fin de dar mayores beneficios y general resultados sostenibles a los nuevos emprendedores, distribuidores y desarrolladores de negocios de las distintas compañías.

CAPÍTULO X: FASES O ETAPAS DE DESARROLLO Y CRECIMIENTO EMPRESARIAL DE UNA EMPRESA EN "NETWORK MARKETING"

Continuando con el análisis previo, hasta ahora realizado. Hemos hablados en los capítulos anteriores de las **cuatro (4) recomendaciones importantes, a la hora de elegir una empresa de multinivel** – y los distintos - **planes de compensaciones en el network marketing**. Que son fundamentales a la hora de emprender un negocio **MLM** o **redes de mercado**.

> En este X capítulo voy a hablar de "*Las Distintas Fases o Etapas de Desarrollo y Crecimiento*" por los que pasa al inicio toda empresa que incursiona en la industria de "**Network Marketing Multinivel**". *Comprender esta información es de vital importancia. Y todo networker profesional debería conocerla.*
>
> *Podríamos afirmar que necesaria, para poder hacer un diagnóstico objetivo de las probabilidades de continuar un negocio rentable, si es que ya viene desarrollando redes de mercadeo, o para complementar más a fondo la sabia elección documentada de elegir apropiadamente una oportunidad idónea para iniciar un negocio en multinivel.*

Toda persona que se considere un verdadero **NETWORKERS DEL SIGLO XXI** y **EMPRENDEDOR** de esta maravillosa y creciente industria, debería conocer cuáles son estas fases de crecimiento, por la que toda empresa de multinivel atraviesa desde su origen, hasta su completa consolidación y posicionamiento en los mercados internacionales de muchos países a nivel mundial.

El hecho de que un nuevo distribuidor o networker comprenda en qué consiste cada una de estas etapas del proceso de crecimiento. Le permitirá identificar en cuáles de ellas se encuentran las diferentes empresas multinivel que tenga bajo estudio para iniciar el desarrollo de su negocio, o continuar su proyección dentro de la industria. Ya que esto le permite entrar en el momento correcto, en el lugar correcto, y con la estrategia correcta en la fase ideal...

Fases de crecimiento en una empresa MLM

Estas son las 4 "**fase** o **etapa**" por las que pasan toda compañía de multinivel:

1. Fundación
2. Concentración
3. Momentum
4. Estabilidad

Fase Nº1 – "Fundación, Creación o Formación de la Compañía"

Como su propio nombre lo indica. Esta es la **"etapa donde la empresa es fundada"**, y los socios corporativos hacen la inversión inicial para estructurar las operaciones de dicha empresa.

En esta fase, es donde la empresa comienza la creación de las oficinas principales de la sede central en el país correspondiente en el que va a comenzar las actividades comerciales. También es en esta fase, donde se registran las patentes y las formulaciones correspondientes a los productos que se van a comercializar, el etiquetado y el packages o empaquetamiento. También es en esta fase donde se implementan los servicios, asesorías, programación, sistemas, plataformas, y se materializa el diseño del "plan de pago" o "plan de compensación" por el que se regirá dicha compañía a nivel internacional.

Esta primera fase comprende, desde la etapa de pre-lanzamiento de la empresa, hasta los primeros 2 años. En algunas ocasiones esta fase inicial puede comprender desde los 06 meses iniciales hasta los 24 meses siguientes de su creación aproximadamente. En estos 2 primeros años, es donde se presume que tal vez, exista un mayor riesgo para un principiante comenzar su carrera en esta industria. *Ya que muchos de los expertos pronostican basados en la experiencia de los resultados obtenidos por las diferentes empresas de multinivel en los últimos 40 años. Que es en esta fase de fundación, donde existe una mayor probabilidad de que muchas de esas nuevas empresas de mercadeo en red fracasen, antes de consolidarse y pasar a la segunda fase).*

Pero es importante tener presenta el lado positivo de la historia, que evidencia que es también en esta primera fase, donde existe la probabilidad de presentarse un mayor potencial de éxito para algunos distribuidores comprometidos y networkers profesionales.

Pues es en esta fase, donde los 2 o 3 primeros distribuidores y networkers visionarios se integran a la compañía con el reto de hacerla crecer, y el desafío de consolidar sus redes de comercialización de productos y la construcción de organizaciones de redes. Al dar inicio a una expansión nacional, de la visión, y el potencial de la nueva empresa en surgimiento. Lo que permite, que muchas personas se incorporen en la visión del nuevo proyecto, y así obtener posicionamiento pionero en la industria del marketing multinivel.

> Si eres un emprendedor que le gusta asumir retos y desafíos *(esto correspondiendo al hecho de que las inversiones más rentables, son por lo general las que conllevan asociado un mayor riesgo).* Entonces si es así, y te consideras un visionario todo terreno, esta fase de fundación y crecimiento de la empresa puede ser una excelente oportunidad para ti. En caso contrario, si estas iniciando en esta industria, y aun no posees la suficiente experiencia y recursos es mejor que aguardes a la siguiente fase.

EXPANSIÓN Y POSICIONAMIENTO GLOBAL DE EMPRESAS MULTINIVEL

Fase Nº2 "Concentración o Posicionamiento"

Posteriormente a la finalización de la primera fase, se inicia el proceso de concentración que se caracteriza por el comienzo del posicionamiento y expansión multinacional de todas las empresas multinivel.

Una vez, que en su país de origen la compañía haya formado ya una organización consolidada, y los primeros líderes fundadores, consumidores, distribuidores y desarrolladores hayan alcanzado algunos resultados *(de salud, económicos, rangos ejecutivos o niveles medios y altos)*, comienzan a aparecer también los primeros networkers profesionales en los diferentes países.

En esta 2 "**Fase de Concentración**" es donde empiezan a crearse con bases sólidas los primeros equipos de distribuidores, desarrolladores y networkers profesionales dentro del negocio, y los riesgos comienzan hacerse cada vez más pequeños. Esto gracias a que la compañía a través de la experiencia, y la trayectoria que ha adquirido comienza a potencializar varios factores clave que tienen que ver con la distribución del producto, el avance y la evolución de la plataforma de producción junto con la "bio y nano – tecnología" usada en ella. Se implementan nuevos bonos de incentivo y gratificaciones en el plan de compensación. En proporción a las mejoras implementadas anteriormente, también se consolida el equipo y se duplica el sistema educativo, implementándose nuevas y mejores estrategias de trabajo dentro del plan organizativo que va implementando cada equipo con su red y organización que pertenecen a la compañía. *Hoy en día muchas de estas estrategias están enfocadas en realizar el negocio de forma presencial offline y apoyándose en las herramientas virtuales que nos ofrecen las tecnologías informáticas que nos brinda la época actual, permitiendo hacer negocios online.*

Con relación al punto de la producción y distribución del producto. Es bueno aclarar que tal vez la elaboración y entregas de producto aún pueden presentar pequeños inconvenientes y retrasos en esta fase de crecimiento de las empresas multinivel en algunos países. Esto es completamente normal, porque son períodos de apertura de nuevos mercados internacionales, donde se intenta buscar la mejor opción en cuanto al transporte, gestiones internas, logística, tramites y permisología, que en ocasiones suelen presentar desafíos en algunos casos, y este tipo de procesos suele tomar algo de tiempo, según las necesidades y requerimiento de cada país donde va creciendo la compañía. Esta fase de concentración suele producirse en promedio desde los 2 primeros años hasta el 5 año después de la creación de las empresas multinivel.

En otras palabras, podríamos considerar esta fase de concentración como la etapa de mejora constante. Ya que es cuando, una vez puesto en marcha todo el negocio, empiezan a verse los primeros resultados reales a largo plazo, tanto para la empresa como para los distribuidores, desarrolladores y networkers. Es en este proceso cuando se empiezan a ampliar las cotas de mercado, reinversiones de capital, diversificación del producto inicial, mejoras en conceptos de asesorías y administración, toma de decisiones en la gestión empresarial y organizacional, junto a la expansión y consolidación del territorio de negocio, etc. Se trata sobre todo de una etapa importante, por la aparición de los nuevos líderes comprometidos, que, junto a los distribuidores, desarrolladores y networkers comienzan a hacer crecer las organizaciones y redes para su expansión a la siguiente fase, que, en mi opinión profesional, es la fase más esperada por todo networker profesional. Y es la fase explosiva de del momentum.

Fases de crecimiento, expansión, posicionamiento y consolidación de las empresas multinivel, y su oportunidad de negocio a nivel internacional.

Fase Nº3 "Momentum o Crecimiento Exponencial"

Como comentaba anteriormente, es esta fase de crecimiento que más aguardan con bastante expectativa la gran mayoría de los emprendedores multinivel de todas las empresas de redes de mercadeo. Porque es en esta fase donde comienzan a aparecer los primeros **EMPRENDEDOR DEL NETWORK MARKETING MULTINIVEL**, **La Nueva Generación de Networkers del Siglo XXI** y Desarrolladores comprometidos, que consiguen la tan ansiada "libertad financiera", nacen los nuevos millonarios del MLM, y los lideres doble y triple diamantes, 4 y 5 estrellas, platinos, oros, rubíes, titanios, centuriones, gerentes, etc. En fin, es en esta **Fase de Momentum** donde la oportunidad "explota" y se genera la mayor cantidad de patrocinios, las organizaciones crecen constante y exponencialmente y surgen las mayores posiciones o altos rangos de los diferentes planes de compensación.

Patrocinio en fase de momentum de las empresas multinivel

Lo que permite llegar a esta etapa del momentum es "liderazgo" del equipo, que cuenta con distribuidores, desarrolladores y networkers comprometidos con la visión y la naturaleza del negocio. Esto permite que los "equipos", "redes" y organizaciones consolidadas lleven a la compañía a un nivel superior. Como hemos podido apreciar, esta etapa se caracteriza, por la cantidad de líderes consolidados, que llevan a la compañía a continuar con su agresiva expansión global, generando momentum tras momentum de un mercado internacional a otro, facilitando la generación del crecimiento en otros países.

Es la fase donde, después de haber hecho bien las cosas, gestionado bien la empresa y el producto, haber hecho crecer organizaciones sólidas, estables y productivas centrada en las relaciones, el apalancamiento y el trabajo en equipo, sustentada en el liderazgo con mentalidad empresarial, con bases en la duplicación y la multiplicación en el network marketing. Esta es una fase extraordinaria, que gracias a los resultados permite a los asociados contar con una mayor cantidad de nuevos líderes, distribuidores, desarrolladores y networkers. Ya que la mayoría de las personas al notar los resultados comienzan a unirse a la compañía y empezar a formar parte del negocio en las diferentes redes y organizaciones ya fuertemente establecida.

Hay reuniones centrales, OP, multiplanes, eventos y convenciones en muchas ciudades, y el nombre de la compañía, el concepto de negocio y la oportunidad de las redes de mercadeo del empieza a estar en boca de muchos networkers y líderes comprometidos dentro de la industria Network marketing multinivel.

El inicio de esta fase es el momento ideal más idóneo para que los nuevos **EMPRENDEDOR DEL NETWORK MARKETING MULTINIVEL, La Nueva Generación de Networkers del Siglo XXI** puedan comenzar a desarrollar de su negocio con buenas probabilidades de éxito a su favor, y con la oportunidad de generar ingresos ilimitados por conceptos de ganancias residuales, que son la fuente de riqueza, literalmente hablando en esta industria. Y es aquí donde el **portal NETWORKERS DEL SIGLO XXI ®** te respaldara para que puedas lograr las metas y objetivos dentro de esta Industria.

Esta fase suele tener lugar a partir del 5 año hasta el año 15 posterior a la fundación de la empresa.

DATOS CURIOSOS: Para poner solo un dato interesante para tener en cuenta, en la fase o etapa de momentum, una empresa llega a mover un volumen de negocio aproximado a las 2/3 partes del volumen total de toda la historia de la compañía, ya sea que esta tenga una historia de 5, 30 o 60 años. Y al pasar esta maravillosa fase del momentum y pasar a la etapa de estabilidad, las compañías entran en reposo y sus ventas, al igual que su oportunidad disminuyen considerablemente.

Por tal razón, cabe reseñar que nunca es recomendable ingresar en una compañía que ya haya pasado por la fase de momentum, y ya esté en la etapa de estabilidad, porque lo más probable es que ya se haya escapado el tren de la oportunidad que pudiera llevar este negocio a su siguiente nivel, y permitirte de hacer un gran negocio en esta industria.

Ultima Fases del crecimiento, expansión, posicionamiento de las empresas multinivel, donde su oportunidad de negocio a nivel internacional se consolidad para mantiene en el tiempo.

Fase Nº3 "Estabilidad o Consolidación"

Cuando las compañías de "network marketing multinivel" ha superado las 3 primeras fases *(Fundación, Concentración y Momentum)* y han logrado ese "momentum explosivo" en numerosos países entrará en reposo en la "fase de estabilidad". Esto sucede normalmente a partir del año 15 después de su fundación y se mantiene mayormente a través del tiempo.

Uno de los motivos de este desaceleramiento, se debe a que el volumen del negocio empieza a bajar el ritmo. Es una etapa normal, teniendo en cuenta que, a lo mejor, la cota de mercado nacional e internacional ha llegado a un punto donde es ya difícil seguir ampliándose al mismo ritmo la red de comercialización. Haciendo que el volumen se estanca y la productividad disminuya considerablemente.

Esta fase de estabilidad ya no es tan atractiva y lucrativa para la mayoría de los "networkers profesionales" y líderes o desarrolladores comprometidos, puesto que el "momentum" es decir el "boom explosivo" ya habrá pasado. Y es durante las etapas anteriores cuando las "compañías de **MLM** *(Multi Level Marketing)* pasan de generan el 66% del total de sus ingresos en toda su historia, y solo mueven un 34 % de ahí en adelante aproximadamente.

Es cierto que esos ingresos del "34%" restante, siguen siendo muy atractivos para la empresa en sí misma, pero jamás y nunca para un networkers profesional, ya que se vería sometido a un trabajo más forzado, en comparación si hiciera ese mismo esfuerzo en una fase anterior, como por ejemplo "concentración" o "momentum" que son las más recomendables.

Voy a compartirte un EJEMPLO para que puedas entender mejor por qué sucede esto... Imaginemos el siguiente punto, es como cuando se produce el estreno de una nueva película en el cine, la gente acudirá masivamente a verla en cartelera solo durante el primer par de semanas como máximo, luego disminuye la afluencia de gente, hasta el momento en que ya la película no atrae nuevos espectadores haciendo necesario el estreno de una nueva película *(Y en algunos pocos casos la película se convierte en clásico, que permite que se mantenga en el tiempo, pero ya generando momentum, sino estabilidad)*... Así mismo, sucede con las empresas de multinivel en sus fases de crecimiento, al pasar su momentum a la etapa de estabilidad, la afluencia de seguidores de seguidores y clientes disminuye... Y si es un clásico, es decir una empresa con historia se mantendrá en el tiempo, pero ya jamás igual que en su momentum.

Esto siempre ha sucedido, y seguirá ocurriendo una y otra vez. Pues el mercado para cada compañía multinivel llegará a un punto cercano a la saturación. Y este periodo iniciará la fase de estabilidad o consolidación, en promedio 15 año después de fundada la compañía.

Esta fase tiene una característica especial, y es que está evidenciado y comprobado a través de los años que muchos de los "networkers" o desarrolladores" que emprendieron su "negocio MLM" en esta etapa, pasados ya la fase del momentum, no han alcanzado grandes posiciones dentro del "plan de compensación", ni mucho menos grandes "riquezas o libertad financiera" ... La mayoría de líderes que nacen en esta última fase son líderes menores, sin resultados prominentes, solo resultados promedios...

Es importante destaque que; por supuesto aquellos networkers y desarrolladores que han podido y sabido aprovecharse de los buenos años de las primeras fases de concentración y momentum, son los que lograran retirarse tranquilamente y vivir de las redes que hayan creado en las fases anteriores, con la seguridad que en la etapa de estabilidad sus clientes mantendrán el consumo, y sus asociados seguirán haciendo su trabajo. Pero repito, nunca será una buena idea pretender buscar desarrollar un negocio en una empresa de redes de mercadeo multinivel que ya se encuentre en la fase de estabilidad, porque lo más probable es que hayas llegado tarde y es probable que se te sea más difícil hacer el negocio.

COMO CONCLUSIÓN: La capacidad de identificar en cuál de estas fases se encuentra tu compañía o la que estás analizando para emprender tu negocio, te ayudarán a evaluar mejor, si estás verdaderamente ante una "gran oportunidad" de negocio. En mi opinión. Si entrar en esta fase o no, será decisión tuya... Como todo en la vida. Si eres un emprendedor que asume riesgos y te encantan los desafíos, y perseveras en tus proyectos, y te mantienes firmes con tus compromisos y quieres que te toque una buena parte del pastel, debes llegar primero a la fiesta. Es decir, si quieres que te toque un trozo de carne "pulpa" y jugosa, entonces debes llegar a almorzar al medio día al restaurante. En otras palabras, si te consideras un emprendedor visionario con la experiencia y los recursos necesarios para emprender una oportunidad multinivel desde cero y hacerla crecer, entonces comenzar tu proyecto en la primera fase de fundación, sería la etapa idónea para ti... En caso contrario, piénsalo bien antes de hacerlo.

Conceptos y Nociones Avanzadas

CAPÍTULO XI: MARKETING DE ATRACCIÓN, ESTRATEGIAS DEL SIGLO XXI

Desarrollo Profesional De Tú Negocio Multinivel

Lo que te voy a enseñarte a continuación va a ser la diferencia entre aprender a generar ingresos extras o no generar dinero en los próximos años, este nuevo concepto lo aplican y lo recomiendan hoy en día muchos de los networkers más reconocidos en la industria, así que toma muy en cuenta el aplicar en tu negocio multinivel los conceptos y las estrategias del **MARKETING DE ATRACCIÓN.**

En la actualidad la gente que conoce sobre estos concepto y estrategias del **MARKETING DE ATRACCIÓN** saben que el flujo de dinero llega hacia ellos; no solo porque tengan un excelente producto, desarrollen una buena oportunidad de negocio en una sólida empresa multinivel con un muy lucrativo plan de compensación hibrido y cuenten con un completo sistema educativo formación empresarial y el respaldo de un extraordinario equipo de apoyo, ya que esto es solo parte del éxito en esta industria.

La clave principal del éxito en redes de mercadeo es comprender el concepto del **MARKETING DE ATRACCIÓN** y saber que el flujo de ingresos de dinero va a llegar hacia ti, porque entiendes que nuestro negocio significa satisfacer y encontrar soluciones reales a nuestros potenciales clientes, prospectos y socios que ven en ti un **líder de influencia** con principios que pueda ayudarles a resolver un problema ya sea de *tiempo*, de *reconocimiento*, de *salud* o *financiero*.

Psicológicamente las personas buscan satisfacer dos necesidades básicas para su desarrollo integral, y cuando tú como **LIDERES DE INFLUENCIA** aprendemos a detectar en ellos algunas de estas dos necesidades básicas y le satisfacemos con lo que ellos necesitan, verán en nosotros un líder de influencia en quien confiar y nos abrirá las puertas de su mente y corazón para recibir de nosotros lo que tenemos para ofrecerles a ellos.

Estas necesidades básicas se le conocen en la **PNL** o Programación Neurolingüística como **METAPROGRAMAS** que son poderosos **patrones de conductas** o **modelos de pensamientos** bien sean asociados o disociados que determinan cómo nos formamos nuestras **representaciones internas**, y que dirigen nuestro comportamiento. En otras palabras, en la psicología se ha demostrado que: *El ser humano está* **PROGRAMADO subjetivamente** *para* **RESPONDER** o **reaccionar** *prácticamente a dos (2) estímulos o necesidades básicas posibles que son.*

1º Acercarse y Afrontar optimistamente *las* **recompensas** *que les producen* **PLACER**.
2º Alejarse, Evitar *o eludir las* **consecuencias** *que les provocan* **DOLOR**.

En otras palabras, al aplicar esta definición en forma sencilla al **MARKETING DE ATRACCIÓN** y hacerlo parte de la estrategia en nuestro negocio multinivel podemos clasificar estas 2 necesidades básicas de la siguiente manera:

La **PRIMERA** es que los potenciales clientes, prospectos y socios buscan **líderes de influencia** que les ayude a solucionen sus problemas en base a **PROVEERLES PLACER**, bien sea en *tiempo libre*, *libertad financiera*, *reconocimientos* o *bienestar*.

Y la **SEGUNDA** de estas necesidades básicas es que los potenciales clientes, prospectos y socios buscan un **líder de influencia** que les ayude a buscar una solución para **ALIVIAR EL DOLOR** por el que están atravesando, bien sea por *falta de tiempo*, *problemas económicos*, *falta de reconocimiento* o por *salud*.

Al comprender este **PRINCIPIOS**, podrán ponerlo en práctica en tu negocio multinivel, y gracias a ello tendrás la oportunidad de comprender que el flujo de dinero puede comenzar a llegar hacia ti, si comienzas a solucionas los problemas de la gente. La idea aquí; no es crear necesidades nuevas en las personas, sino que como **LIDERES DE INFLUENCIA CENTRADO EN PRINCIPIOS** canalices honestamente las necesidades que la tus clientes, prospectos y socios tienen y tú puedas ofrecerles esa solución que la gente tanto ando buscando en ti.

Profesionalmente; el aprender a encontrar esas soluciones en las personas con quien te relacionas, va a aparecer en tu vida con la práctica constante. Una vez que como **líder de influencia** sepas identificar los problemas que te gustaría resolver en tanto en tu organización, como en tus relaciones positivas con las personas con quien te relacionas a diario y pongas todo tu enfoque y tus esfuerzos en buscar respuestas a dichos problemas.

Voy a compartir contigo una serie de ejemplos para complementar la idea anterior. **AHORA PREGÚNTATE** ¿Cuándo tienes un problema de salud vas al médico cierto? ¿Y si tienes un problema con la remodelación de tu casa buscas un maestro de obra verdad? ¿Y si se te presentara algún problema legal a quien acudirías a un abogado indudablemente no es cierto? Y ¿Si tuvieras un problema de sobre peso acudirías a un nutricionista es algo lógico verdad? **AHORA TE PREGUNTO** *qué tienen en común las preguntas anteriores*. La respuesta es simple en cada una de ellas las personas con un problema específico acudió al profesional especialista en la materia para encontrar una solución.

Entonces como podrás haberte dado cuenta nosotros siempre buscamos soluciones a nuestros problemas y acudimos aquellos **profesionales capacitados** o **especialistas** que nos puedan ofrecer una mejor solución.

Lo mismo sucede en nuestra profesión como **NETWORKER PROFESIONALES, LÍDERES DE INFLUENCIA** y **EMPRESARIOS EN REDES DE MERCADEO.** Cuando un potencial clientes, prospecto o socios están pasando por una contrariedad, esperan que nosotros como LÍDERES, NETWORKER y EMPRESARIOS COMPROMETIDOS CON NUESTRO NEGOCIO le ayudemos a buscar una solución a su problema bien sea éste de *tiempo, finanzas, reconocimiento, bienestar* o *salud.*

Y esto suele ser mayormente así... O acaso tú has visto un especialista respetado o un profesional serio *(medico, ingeniero, abogado, contador, contratista, etc.)* que salga a la calle en búsqueda de la primera persona que este a su alrededor para ofrecerle sus servicios y aunque no los necesiten le obligan a consumirlos. Pues me imagino que no.

¿Y entonces porque pensamos que en la industria del **NETWORK MARKETING** y en los **NEGOCIO DE REDES DE MERCADEO MULTINIVEL** tiene que ser diferente?

Los verdaderos **EMPRENDEDORES DEL NETWORK MARKETING, La Nueva Generación de Networkers del Siglo XXI** y **LIDERES COMPROMETIDOS** miembro de las diversas y prestigiosas empresas en **REDES DE MERCADEO MULTINIVEL.** Tampoco tienen la necesidad de perseguir a sus contactos. Ya que somos **PROFESIONALES** y **ESPECIALISTAS** en nuestra materia por la cual *estamos en la capacidad de brindar asesoramiento de alta calidad* a los potenciales clientes, prospectos o socios de nuestra organización.

La idea aquí es la de formarnos profesionalmente para llegar a SER un experto reconocido en nuestra industria y nicho de mercado que representemos. Como pasa en todas las demás profesiones tales como *(medico, ingeniero, abogado, contador, contratista, etc.).* Entonces si ellos estudian, se preparan, dedican años de formación para llegar a tener el éxito que merecen... *No es lógico que nosotros como* **EMPRENDEDORES DEL NETWORK MARKETING, La Nueva Generación de Networkers del Siglo XXI y LIDERES COMPROMETIDOS** *hagamos lo mismo en nuestra carrera llamada* **REDES DE MERCADEO MULTINIVEL** *que es la Mega Tendencia Económica de Mayor Crecimiento, Consolidación y Expansión Mundial en esta nueva Era tan Globalizada y La Profesión mejor pagada en los últimos años.*

Y esto es el verdadero **PODER DEL MARKETING DE ATRACCIÓN EN ACCIÓN.**

Es importante destacar que en ningún tipo de **NEGOCIO MULTINIVEL** o **ESTRATEGIA DE MARKETING DE ATRACCIÓN** para **DESARROLLAR TU NEGOCIO PROFESIONALMENTE** se mantiene por medio de la suerte. Sino que es a través del esfuerzo contante, la dedicación, la determinación, el enfoque, el resultado de tomar acción y hacer que las cosas sucedan a través de la activación de la ley de la CAUSA y EFECTO, recuerdas tus acciones positivas son las que generarán las oportunidades de servir y ayudar a otros y finalmente estas acciones son las que nos abrirán las puertas al éxito. La clave está en que trabajes en armonía con tus pensamientos, sentimientos y tus acciones enfocados hacia encontrar las soluciones reales al servicio de los demás.

Toma muy en cuenta el consejo anterior, ya que los **líderes de influencia** que solucionan problemas en un mercado tan competitivo y prestan verdaderos servicios a los demás, se convierten en imanes para atraer un buen flujo de dinero, y eso es el principio que entra en juego en el **MARKETING DE ATRACCIÓN**, entre más des y ofrezcas a los demás, más oportunidades reales de servir tendrás, y a medida que más ayudes a otros a solucionar sus problemas tu **LIDERAZGO** y acciones se verá cada vez más recompensado.

El primer paso que debes dar es comenzar a trabajar contigo y en ti, la base principal de tu negocio eres tú mismo, así que trabaja primeramente con tu **SER** interior. Capacítate, adquiere conocimiento, documéntate y estudia todo lo que más puedas, en tu campo de excelencia y empieza a alimentar tu mente con pensamientos de éxito, cambia tus hábitos y enfócate en resultado final hacia dónde quieres llegar.

Y luego una vez que hayas trabajado en ti, empieza a ser más observador, comienza a buscar en tu entorno o circulo de influencia lo que la gente realmente quiere o necesita, y si como líder estás preparado física, mental y emocionalmente tú te puedes convertir en ese SER transformador, en esa persona de influencia que sirve y ayuda a los demás a desarrollar su potencial humano, te convertirás en ese proveedor de soluciones, y en esa persona que impacta en la vida de cientos y millones de gente que te agradecerá el legado que dejas a cada paso.

Realmente poco interesa a que compañía pertenezcas, ni que producto ofrezcas, o que tipo de plan de pagos tenga dicha empresa, o y si realmente el sistema educativo y el equipo son los mejores. Tu éxito en realidad va a depender de los conocimientos que tú adquieras y pongas en práctica, y que estos puedan a su vez aportar valor a otros con las herramientas y conocimientos que has aprendido. Lo verdaderamente importante es exponer y compartir tus conocimientos al servicio de otros a través de los medios masivos y como consecuencia lograr la tan anhelada libertad financiera.

CAPÍTULO XII: HACIA DÓNDE SE DIRIGE LA INDUSTRIA DEL NETWORK MARKETING MULTINIVEL

Evolución de las Empresas de Redes De Mercadeo y la Nueva Generación de Networkers del Siglo XXI.

La razón por la que decidí escribí este XII capítulo, es para brindarte los conocimientos que necesitas en tu proceso de formación y aprendizaje en este extraordinario mundo de la Industria del **MLM** *(Multi-Level-Marketing)*. La Profesión mejor pagada en los últimos años y la Mega Tendencia Económica de Mayor Crecimiento, Consolidación y Expansión Mundial en esta nueva Era tan Globalizada.

Como ya me había referido anteriormente; estamos atravesando una época de cambios generales a nivel mundial, y especialmente a nivel socioeconómico. Y a medida que el tiempo transcurre pasamos de un periodo o ERA a otra de forma rápida y acelerada trayendo consigo nuevos cambios en la economía.

En capítulos anteriores he hablado de la era del conocimiento, la era de la información, la era de la globalización, en fin, la nueva era de la tecnología, y cómo los últimos avances de la informática están trayendo consigo nuevos modelos económicos productivos, que están tomando mucho auge. Muchos nuevos modelos de negocio se están posicionando en estas últimas décadas, entre ellas las empresas de **Redes de Mercadeo**.

Por tal razón; hoy en día debemos estar actualizados, para mantenernos al ritmo vertiginoso de estas nuevas megas - tendencias económicas de negocios y prepararnos para convertirnos en verdaderos **EMPRENDEDORES DEL NETWORK MARKETING MULTINIVEL**, **La Nueva Generación de Networkers del Siglo XXI**. Estoy seguro de que tú puedes ser una de las afortunadas personas que capten la visión de esta información y entiendas la naturaleza del negocio y para donde se están proyectando las cosas dentro de la industria del **NETWORK MARKETING MULTINIVEL**.

Todo lo que necesitamos para tener éxito en la industria de redes de mercadeo multinivel en esta nueva ERA globalizada de la tecnología y la informática es lograr comprender como esta mega-tendencia junto a sus líderes y empresarios comprometidos han ido creciendo y evolucionando en los últimos años; y, sobre todo, tener una perspectiva futurista del éxito y la excelencia hacia dónde se dirige en el futuro.

Hoy por hoy; contamos con nuevas tácticas y estrategias virtuales y presenciales de marketing de atracción tanto online como offline en la creciente **Industria Del Multinivel Del Siglo XII**. Los **SISTEMAS EDUCATIVOS de formación empresariales** de las distintas empresas del **NETWORK MARKETING** han sido progresivos. Así como también el preparado **EQUIPO DE APOYO Internacional**. Podemos apreciarlo en los sin número de entrenamientos y asesorías permanentes que se hacen tanto presenciales como en la WEB. Una de las características que está marcando tendencia en esta industria es la completa comunidad de **NETWORKERS** capacitados que en esta nueva ola de cambios que están dispuestos a brindarte todo el apoyo que necesitas para que tengas los resultados y llegues a convertirte en un verdadero profesional en la industria.

Cada uno de nosotros cuando entramos en esta industria tenemos ideales distintos, pero una vez que empezamos a adentrarnos en la visión del concepto y comprendemos la naturaleza del negocio que nos ofrecen las redes de mercadeo multinivel; comenzamos a pensar, sentir, vivir y actuar de manera diferente al resto de gente que está afuera. Y esa manera diferente de percibir el mundo es lo que empieza por diferenciarnos del montón.

Como **LIDERES DE INFLUENCIA** cuando comenzamos a diferenciarnos del montón, y empezamos a desarrollarnos profesionalmente en esta industria; dejamos de ser seguidores como el resto de la manada para convertirnos en personas influyentes para los demás, es ahí cuando realmente comenzamos a tener los verdaderos resultados.

Esto sucede porque cuando un **LÍDER COMPROMETIDO** o **NETWORKER PROFESIONAL** captura la **visión** y comprende **la naturaleza del negocio** no existe poder alguno que le haga cambiar de opinión. Ya que sus ideales cambian, su forma de pensar vivir y actuar cambia también en armonía a su nueva creencia. Lo que les faculta seguir adelante a pesar de la adversidad, porque comprende que tienen que pagar un precio. Saben que las cosas no serán fáciles, pero tampoco imposibles. Así que se llenan de valor suficiente para tomar acción y hacer todo lo que tengan que hacer para que las cosas sucedan. En las derrotas aprenden de sus errores y en sus triunfos aprenden de sus éxitos, forjando su carácter día tras día. Y creando a su alrededor un legado que transmitir a sus futuras generaciones, porque entienden que tienen que dejar una huella y se preparan para dejar una marca en cada paso que dan en el camino rumbo a su libertad financiera.

Y este cambio de pensamiento; es una tendencia que estamos viviendo la gran mayoría, de los empresarios comprometidos con esta industria hoy en día. Y yo mismo he pasado por esos cambios y aun hoy al momento de escribir este capítulo estoy en ese proceso de transformación permanente de superación y excelencia en mi vida, con la firme creencia, certeza y convicción que esta industria es uno de los vehículos o medios para consolidar más allá que la libertad financiera nuestro verdadero y máximo potencial humano en todos los aspectos más importantes de nuestra vida.

A manera de conclusión podemos reafirmar entonces que hoy en día, especialmente en los países de Latinoamérica; por los acelerados cambios económicos que estamos viviendo, muchas personas estamos optando por desarrollar profesionalmente negocios de en network marketing multinivel; ya que comprendemos las múltiples ventajas que nos ofrecen el mercadeo en red como una de las opciones más rentable para lograr nuestros sueños, metas y objetivos, con un propósito claro y bien definido centrado en principios.

Los expertos han reafirmado una y otra vez que: *Las redes de mercadeo se están posicionando para ser la próxima gran economía mundial.* Y que a través de este concepto de negocio *Usted puede obtener un flujo constante de ingresos inmediatos y un importante flujo de ingresos por concepto de regalías residuales a largo plazo. Por tal razón lo consideran el modelo de empresa más poderoso y atractivo en la nueva economía mundial.*

Y lo más importante de este tipo de negocio; que confirman los expertos, es que gracias a Los **SISTEMAS EDUCATIVOS de formación empresariales** de las distintas empresas del **NETWORK MARKETING** y el capacitado **EQUIPO DE APOYO Internacional** con que se apalancan estamos mejor preparados hoy día, para programar y condicionar nuestra estructura mental y psicológica para convertirnos en verdaderos **NETWORKERS PROFESIONAL** y **EMPRENDEDOR MULTINIVEL**, que son **La Nueva Generación de Empresarios del Siglo XXI** con una **MENTALIDAD EMPRESARIAL** y una **ACTITUD DE LIDERAZGO** e influencia personal centrada en principios en las bases de la consolidación de las relaciones, la edificación, el trabajo en equipo, el compañerismo, el apalancamiento y vivir los valores esenciales para promover la **DUPLICACIÓN** y la **MULTIPLICACIÓN** en esta industria, ya que son los fundamentos; que nos permitirán generar regalías, por concepto de ganancias residuales de forma permanente y continua.

Si ya tenemos las estadísticas y las opiniones de los expertos, que ratifican este tipo de proyecto financiero es una de las mejores opciones de negocio. Entonces tomemos la decisión de emprender nuestro camino rumbo a la LIBERTAD FINANCIERA, utilizando como vehículo las múltiples opciones que nos brinda la Industria del **Network Marketing** a través de las **Redes de Mercadeo Multinivel,** y esta es mi humilde invitación para ti.

Conceptos y Nociones Avanzadas

CAPÍTULO XIII: NETWORK MARKETING MULTINIVEL UN PROYECTO FINANCIERO REAL

Redes de Mercadeo la Profesión de La Nueva Generación de Networkers del Siglo XXI

Para continuar con la idea anterior, en este capítulo voy a reafirmar la importancia, la transparencia y la gran oportunidad que nos brinda el **MLM** *(Multi Level Marketing)*

De seguro en muchas ocasiones has oído hablar de que este modelo productivo es el **negocio perfecto** en esta era de la globalización, la información y la tecnología tanto digital como virtual. Y que el **NETWORK MARKETING** o **Redes De Mercadeo Multinivel** es la tendencia a la que se dirigen los negocios en las próximas décadas.

El tener este conocimiento y la información real de lo que pasa a nivel mundial con la creciente evolución de esta industria; es el **PRIMER PASO** que fortalecerá nuestra creencia y nos dará mayor certeza y convicción para mantenernos firme en este proyecto financiero de negocio del Siglo XXI. El **SEGUNDO PASO** que debemos dar; es eliminar completamente todas las creencias limitantes auto-saboteadoras y pensamientos autodestructivos que nos puedan hacer pensar que este tipo de modelo productivo no funcionara. Ya que se ha comprobado a lo largo de los años; una y otra vez, que los **EMPRENDEDORES DEL NETWORK MARKETING** que se dedican de forma profesional a esta industria han tenido y seguirán teniendo grandes éxitos en todos los aspectos importantes de sus vidas. Tanto en lo personales, espirituales, emocional, familiares, de bienestar, salud y financieros.

Si estás en esta industria y eres parte de **La Nueva Generación de Networkers del Siglo XXI**. Lo más seguro es porque te paso lo mismo que a muchos de nosotros, fuiste invitado a una reunión de negocio, donde te presentaron la oportunidad financiera y te hablaron de este modelo productivo llamado network marketing o redes de mercado multinivel. *Y al principio, aunque te parecía demasiado idealista o demasiado bueno para ser verdad; te diste la oportunidad de creer y comenzar a desarrollar el negocio y prepararte.* **Y gracia a tus esfuerzos y contante dedicación capturaste la VISIÓN y comprendiste la NATURALEZA DEL NEGOCIO que te permitió ver este tipo de concepto del marketing multinivel en toda su magnitud.**

El **MLM** *(Multi Level Marketing)*, es el canal de distribución y red de comercialización más inteligente que sido creado en la historia hasta ahora, donde una persona puede beneficiarse de los productos, bienes o servicios que la empresa ofrece y compartiendo ese concepto, puede afiliar a otras personas interesadas en compartir este mismo modelo productivo llamado network marketing o redes de mercado multinivel, a otros conocidos, expandiendo el proyecto financiero a muchos hogares y familias, teniendo la oportunidad de llegar a ser dueños de su propios negocios de manera local al principio, y luego con el pasar del tiempo desarrollar un alcance nacional y con la debida preparación, formación, y perseverancia lograr una expansión global a nivel internacional.

Lo importante de esta creciente industria del marketing multinivel, es que está posicionada en las diferentes megas tendencias más rentables del mundo. Teniendo un gran alcance en las tendencias de mayor crecimiento en la historia en las últimas décadas. Entre las de mayor alcance encontramos las del bienestar y la salud, las de belleza y el cuidado personal, las de productos ecológicos para el hogar, las de tecnología e informática, las de bienes y servicios, entre muchas otras. En otras palabras, existe una gran infinidad de empresas en la industria del **MLM** *(Multi Level Marketing)*, con canales de distribución y redes de comercialización prácticamente con distintos servicios, bienes y productos, diferentes equipos de trabajos y sistemas educativos de formación empresarial, diversos planes de pagos y variados planes de compensación, y en general una gran variedad de oportunidades de negocio diseñadas para cada persona.

Tomando esta idea en cuenta; podríamos decir entonces que existen muchas excelentes compañías, con maravillosos productos y variados servicios, con interesantes planes de pagos, y los más modernos y evolucionados sistemas educativos de formación empresarial junto con sus equipos de apoyo. Cada una de ellas diseñadas para la gran diversidad de personas que existen en todo el mundo. Para que sea usted y solo usted el que decida cuál es la mejor, y elija la compañía más idónea a la cual unirse.

En resumen; el **NETWORK MARKETING** o **REDES DE MERCADEO MULTINIVEL**, es hoy en día, una mega-tendencia real en pleno crecimiento, expansión y consolidación global. Es una industria rentable y muy lucrativa que mueve cientos y miles de trillones de dólares cada año y es la profesión mejor pagada en las últimas décadas alrededor del mundo entero. Y sobre todo el **MLM** *(Multi Level Marketing)*, es el canal de distribución y red de comercialización más inteligente que sido creado en la historia hasta ahora; y tú puedes ser parte de este gran movimiento internacional y convertirte en un **EMPRENDEDOR DEL NETWORK MARKETING MULTINIVEL**, **La Nueva Generación de Networkers del Siglo XXI**.

PALABRAS FINALES

Bueno campeones y campeonas "{(**FELICIDADES**)}", ya hemos llegado al *FINAL* de éste **maravilloso libro** que con tanta dedicación escribí para ti. Fue un largo *proceso de formación* y *aprendizaje* que juntos **TÚ** y **YO** recorrimos en esta jornada **HACIA TÚ ÉXITO** y **AUTO-REALIZACIÓN PERSONAL**.

Éste libro lo cree y diseñe pensando en **TI**, de manera **SISTEMÁTICA** como un **MANUAL PRÁCTICO DE INSTRUCCIONES** paso a paso; con el objetivo de ir pasándote por un *proceso mental de formación continuo de aprendizaje*, a través de un "{(**PATRÓN DE ACCIÓN**)}" bien preparado y simplificado para brindarte resultados óptimos, efectivos y permanentes mediante las herramientas y metodologías más avanzadas de la **PNL** o **Programación Neurolingüística**.

> La *REINGENIERÍA CEREBRAL* y la *PROGRAMACIÓN MENTAL* como la he venido aplicando para efectos de este libro; podemos concluir, que es una: metodología basada en la creencia de que toda experiencia subjetiva interna tiene bases en una estructura psicológica programada en nuestra mente. *Y que, por tal razón, esos* **PROCESOS** *o* **procedimientos** *pueden* **modelarse**, **codificarse**, **aprenderse**, **transferirse**, **modificarse** *o* **reprogramarse** *cuando la ocasión así lo requiera.*
>
> Según esta **presuposición** adaptada de la **PNL** o **PROGRAMACIÓN NEUROLINGÜÍSTICA** conseguimos reafirmar que, nuestros programas mentales limitantes *"pueden ser NEURO-DESCODIFICADOS, reprogramados o modificados en cualquier momento que sea necesario a través de la REINGENIERÍA CEREBRAL"*.

Por tal razón; mis amigos y amigas, fui guiándoles paso a paso de manera subjetiva a través de los diferentes *Ejemplos y Ejercicios* junto a todas las demás herramientas y metodologías utilizadas en el transcurso del libro en conjunto con el **PATRÓN DE ACCIÓN** a fin de *enseñarles la manera correcta de acceder* por medio de la "{(**REINGENIERÍA CEREBRAL**)}" a esas informaciones registradas y guardadas en el subconsciente y *descodificar los patrones de conductas limitantes de tu estructura mental* y *psicológica* creando una nueva realidad a través de una adecuada "{(**PROGRAMACIÓN MENTAL**)}" para el éxito.

Recuerden lo que han aprendido. *Que cualquier información o desequilibrios estructurales que hayan sido moldeadas o reprogramadas lingüísticamente en su subconsciente; de la misma forma, pueden ser descodificadas por medio de la* "**REINGENIERÍA CEREBRAL**" y la "**PROGRAMACIÓN MENTAL**" para el éxito que aprendieron en el transcurso de la lectura de todo este libro. *Tengan presente que: el poder YA está dentro de ustedes; solo tienes que* **CREERLO, TOMAR ACCIÓN** *y comenzar a* **HACER QUE LAS COSAS SUCEDAN**.

Bueno campeones y campeonas; para finalizar voy a hacerlo compartiendo con ustedes esta linda e inspiradora **historia** para despedirme por ahora compartiendo esta poderosa enseñanza.

LA HISTORIA DEL HOMBRE SABIO

Muchos años atrás; cuenta una antigua leyenda, que en la capital de Grecia, vivía un viejo filósofo. Un hombre sabio, famoso y muy conocido por sus prudentes respuestas a todas las preguntas que solían hacerle. Relatan los que le conocieron, que jamás fallaba y que siempre acertaba en todas y cada una de las declaraciones y contestaciones que hacía.

Un día cuenta la historia, que un astuto joven de aquella ciudad se atrevió retar al gran sabio y pensó:
– Creo que sé cómo engañar al hombre sabio –.
Voy a **llevar un pequeño pajarito entre mis manos**; y voy a ponerlas detrás de mi espalda. Y le preguntaré al sabio ¿Si está vivo o muerto el pajarito que tengo **entre mis dos manos**?...
. - Si responde que el ave está viva, **apretaré mis manos** con todas mis fuerzas. Lo aplastaré y una vez inerte el pajarito lo dejare caer muerto al suelo...
. - Y si manifiesta que el ave está muerta, **abriré mis manos** y lo dejare libre volar en cielo...
El joven en sus pensamientos conspiraba, supuestamente en la manera de cómo haría confundirse al sabio... Y así hablaba consigo mismo.
¿Me gustaría ver cómo este hombre se las arregla para salir de esta trampa? De esta manera el astuto y confiado joven ya resuelto; decidió llegar al lugar, para reunirse y verse con el hombre sabio.
Y una vez; frente a él, le hizo la quisquillosa pregunta...

Gran maestro y hombre sabio ¿**El pájaro que tengo entre mis manos**? ¿Está vivo o está muerto?
El sabio después de meditarlo unos segundos; miro al joven directamente a los ojos, y con firmeza le respondió...

"Muchacho" **La respuesta está en TI**; la respuesta a la pregunta está en la decisión que TÚ tomes, es decir la **RESPUESTA ESTÁ EN TUS MANOS**...

La decisión de *cambiar* y *transformar* tú vida **ESTÁ EN TUS MANOS**. *Haciendo un cambio positivo de conciencia en la estructura mental de tus pensamientos*; en la forma de *pensar*, *sentir* y *actuar*. Producirán la **REINGENIERÍA** y la **REINVENCIÓN PERSONAL** que necesitan para comenzar a **CREAR UNA NUEVA Y MEJOR VERSIÓN DE USTEDES MISMOS**. "Pero finalmente CAMPEONES y CAMPEONAS" como en la historia que acabas de aprender **La Solución Ésta En Ti; La Elección que Tomes Dependerá 100% de Tus Acciones, LA RESPUESTA ESTÁ y SIEMPRE HA ESTADO EN TUS MANOS**...

EL PODER DE TOMAR ACCIÓN ESTÁ EN TUS MANOS "Para que surja lo posible es preciso intentar una y otra vez lo imposible". *-HERMANN HESSE. –*

FELICITACIONES HEMOS TERMINADO DEL TERCER LIBRO DE LA SERIE...
NOS VEMOS EN LOS SIGUIENTES LIBROS DE LA SERIE...
"Network Marketing Multinivel en Acción"

Si te ha gustado este libro de NETWORK MARKETING, y deseas "**contribuir**" con tu **aporte**, para **apoyarme** a seguir realizando este maravilloso trabajo, que, con todo el cariño, preparado para ustedes. Puedes hacerlo a través del siguiente **Enlace**

http://bit.ly/PaypalDonación
Gracias por tu Contribución

Es Hora de Comenzar a Vivir UNA VIDA MARAVILLOSA Centrada en Principios

Recuerda: TOMAR ACCIÓN y HACER QUE LAS COSAS SUCEDAN

Y pronto Tú y Yo nos veremos en la CÚSPIDE DE LA EXCELENCIA

Tu Gran Amigo *Ylich Tarazona*

MásterCoach.YlichTarazona@gmail.com
http://www.reingenieriamentalconpnl.com

Conceptos y Nociones Avanzadas

SOBRE EL AUTOR

BACKGROUND PROFESIONAL:

Coach Transformacional **YLICH TARAZONA**: Reconocido **Escritor, Autor Best-Seller, Orador** y **Conferenciante Internacional** de **Alto Nivel**.

Experto en **PNL** o **PROGRAMACIÓN NEUROLINGÜÍSTICA**, **Reingeniería Cerebral, BioProgramación Mental, Neuro Coaching, Persuasión e Hipnosis**.

Considerado en los distintos medios de comunicación como uno de los **Emprendedores más Destacado** e **Influyente** dentro del campo de la **NEUROCIENCIA MOTIVACIONAL** y **LA EXCELENCIA PERSONAL**; *destinado a ejercer un LEGADO en la vida de miles de personas, a través de su PASIÓN, ENTUSIASMO, DINAMISMO y LIDERAZGO CENTRADO EN PRINCIPIOS.*

Hombre de **FE** *y* **Convicciones CRISTIANAS**; *centrado en* **Principios y Valores**.

Fundador de portal **REINGENIERÍA MENTAL CON PNL ®- Comunidad Virtual para Emprendedores**. Uno de los **Website de Internet** dedicado a brindar **COACHING** en la **CONSOLIDACIÓN de Competencias** y el **Desarrollo del Máximo Potencial Humano**. *Especialistas en el* **Entrenamiento**, **Formación** *y* **Adiestramiento** *de* **alto nivel** *a través de la* **Programación Neurolingüística**.

Creador del **SISTEMA DE COACHING PERSONAL** en **REINGENIERÍA CEREBRAL** y **BIOPROGRAMACIÓN MENTAL**, para *Alcanzar Metas*, *Concretar Objetivos* y *Consolidar Resultados Eficaces de Óptimo Desempeño*; a través de una serie de **Audios**, **Podcasters**, **Tele-Seminarios Online**, **Talleres Audiovisuales**, **Webminars** y **Conferencias Magistrales de Carácter Presencial**.

Co-Creador y Re-Diseñador del "**MODELO de la PNL**" y la formula efectiva "{(**E - S.M.A.R.T - E.R**)}" *[Para el* **Establecimiento y Fijación** *de* **METAS**, *plan de acción y* **principios** *de planificación estratégicas para alcanzar y consolidar objetivos].*

Creador de los **WEBMINARS Audio Visual**, **TELE-SEMINARIO Online** y **CONFERENCIA** Magistral *[Redescubriendo Tú Propósito y Misión de Vida].*

Reconocido "**Autor** de la **Serie de LIBROS, Secuencias de EBOOK'S** y **CONFERENCIAS MAGISTRALES**" de [**REINGENIERÍA CEREBRAL** y **BIOPROGRAMACIÓN MENTAL** ©-®]. *Entre los más destacados tenemos* "*Como Mejora Tu Autoestima*", "*Libérate del Auto-Sabotaje Interno*", "*Rediséñate y Reinventa tu Vida, Posiciona tú Marca personal o Personal Branding, Reingeniería de los Procesos del Pensamiento entre otros.*

Principios Universales ara Desarrollar Exitozamente
TÚ NEGOCIO MULTINIVEL DE FORMA PROFESIONAL

Autor **Best-Seller** de la serie *[LOS CICLOS MAESTROS DE LA DUPLICACIÓN Y LA MULTIPLICACIÓN en el NETWORKS MARKETING, Leyes y Principios Universales Para Desarrollar Tú Negocio Multinivel de Forma Profesional]* Vol. **1, 2 y 3**.

Creador del **SISTEMA INTEGRAL DE COACHING PERSONAL** a través de la **PNL** o **PROGRAMACIÓN NEUROLINGÜÍSTICA** para producir cambios positivos en los patrones del pensamiento, y generar resultados eficaces de alto rendimiento y óptimo desempeño, tanto nivel individual como organizacional. *Dicho* **SISTEMA DE ENTRENAMIENTO** *Offline y Online* *han marcado las vidas de cientos de emprendedores de forma presencial y ha cambiado los paradigmas mentales de miles de personas a nivel mundial vía virtual. Inspirando a quienes participan, escuchan, ven o leen sus enseñanzas; a vivir de forma extraordinaria centrada en principios.*

PROPÓSITO, MISIÓN Y VISIÓN PERSONAL:

MI PROPÓSITO: Transmitir a todos mis lectores fe; y la fortaleza de seguir adelante, siempre con confianza y optimismo pese a las adversidades. **GUIÁNDOLOS COMO SU MENTOR** y **COACH PERSONAL** a encontrar su misión de vida a través de una oportunidad real de crecimiento personal, que les ayude a aclarar sus ideas, establecer sus metas, y elaborar un plan de acción bien definido, que les permita conquistar con éxito sus más anhelados sueños. *Permitiéndoles crear su propio futuro, escribiendo la historia de su propia vida y forjando su propio destino a través un ciclo continuo de tácticas y estrategias creadas para tal fin.*

De igual manera, deseo ayudar a mis lectores, aprendices, participantes y seguidores a cambiar los patrones negativos de pensamientos y las estructuras mentales limitadoras, enseñándoles a consolidar sus competencias y desarrollar el máximo de su potencial humano.

MI MISIÓN: *Llegar a ser un instrumento en las manos de* **DIOS**, *que me permita impactar en las vidas de cientos, miles y millones de personas alrededor del mundo.*

Dejar una huella que marque la diferencia en las vidas de las personas a quienes enseño y llevo mi mensaje. Así como también, dejarles un legado, que transcienda en el tiempo. Y les permita evolucionar en todos los aspectos transcendentales e importantes de sus vidas, tanto en lo personal, espiritual, emocional, así como también profesional, académica y financieramente.

MI VISIÓN: *Llevar a las personas esperanza y una opción que les permita transformar sus vidas para mejor, poder ayudarles a desarrollar esa semilla de grandeza que todos llevan dentro de su interior, y motivarlos a consolidar, posicionar y expandir el máximo de su potencial humano, al siguiente nivel de éxito.*

Y finalmente poder establecer una conexión y empatía con todos mis lectores, participantes y seguidores, que me permita ir escalando en la relación con cada uno de ellos, en la medida que sea posible. Al mismo tiempo, que les enseño a posicionarse y consolidarse en todos los aspectos de su vida de manera equilibrada...

Ayudándoles a **interiorizar los principios correctos** que les permitan **REINVENTARSE, creando una nueva y mejorada versión de sí mismos**. Abriéndoles nuevos caminos, aperturandoles nuevas oportunidades de éxito, que les permita conducir su vida, a reencontrarse a sí mismo, en el camino a la transformación, y la excelencia personal. Y finalmente; retomar con mayor fuerza, su camino hacia su éxito y excelencia personal...

Principios Universales ara Desarrollar Exitozamente
TÚ NEGOCIO MULTINIVEL DE FORMA PROFESIONAL

OTRAS PUBLICACIONES, EDICIONES ESPECIALES, MINI CURSOS, E-BOOK´S Y LIBROS CREADOS POR EL AUTOR

Hola que tal, mi gran amigo y amiga **LECTOR**, fue un placer haber compartido contigo este tiempo de lectura, espero hayas disfrutado al máximo de la información contenida en este libro que con tanto cariño prepare para ustedes.

Si deseas conocer algunas otras de mis obras en **Kindle de Amazon** y **CreateSpace** te invito a visitar los siguientes enlaces. Se despide tú gran amigo el Coach **YLICH TARAZONA**

1.- CÓMO MEJORAR TÚ AUTOESTIMA. Aprende a Programar Tú Mente y Enfocar tus Pensamientos para Conquistar todo lo que te Propones en la Vida.
Kindle de Amazon https://www.amazon.com/dp/B071NS4NPH
Tapa Blanda CreateSpace https://www.createspace.com/6763814

2.- LIBÉRATE del AUTO-SABOTAJE. Aprende a Fortalecer Tú Guerrero Interior, Equilibrar tus Canales Energéticos, Controlar tus Emociones y Dirigir tus Pensamientos.
Kindle de Amazon https://www.amazon.com/dp/B0716BWKR1
Tapa Blanda CreateSpace https://www.createspace.com/7120751

3.- REDISÉÑATE Y REINVENTA TU VIDA. El Arte de REDISEÑAR tú Vida, REINVENTARTE, RENACER y Crear una Nueva y Mejorada Versión de ti Mismo.
Kindle de Amazon https://www.amazon.com/dp/B06XKCSTNZ
Tapa Blanda CreateSpace https://www.createspace.com/7195297

4.- REDESCUBRIENDO TÚ PROPÓSITO DE VIDA. Fundamentos para Vivir una Vida Plena, Centrada en Principios y Conectada con Nuestra Visión y Misión.
Kindle de Amazon https://www.amazon.com/dp/B071FFVVM4
Tapa Blanda CreateSpace https://www.createspace.com/7195692

5.- EL PODER DEL DE METAS. Principios de Planificación Estratégica para Alcanzar y Consolidar tus Sueños y Objetivos paso a paso.
Kindle de Amazon https://www.amazon.com/dp/B071SF2QX7
Tapa Blanda CreateSpace https://www.createspace.com/6684686

6.- POSICIONANDO TÚ MARCA PERSONA. Como CONSOLIDAR y POSICIONAR Tú PERSONAL BRANDING en un Mercado Competitivo a través del "Love Brand".
Kindle de Amazon https://www.createspace.com/6799772
Tapa Blanda CreateSpace https://www.createspace.com/6615804

7.- PROGRAMACIÓN NEUROLINGÜÍSTICA. *Guía Práctica de PNL APLICADA - Metodologías Modernas y Técnicas Efectivas para Cambiar tu Vida.*
  Kindle de Amazon https://www.amazon.com/dp/B072DVXBHR
  Tapa Blanda CreateSpace https://www.createspace.com/7119256

8.- EL PODER DE LAS METÁFORAS Y EL LENGUAJE FIGURADO. *Historias, Parábolas, Metáforas y Alegorías, Poderosas Herramientas Persuasivas en la Comunicación.*
  Kindle de Amazon https://www.amazon.com/dp/B01ESBD7WY
  Tapa Blanda CreateSpace https://www.createspace.com/6685297

9.- REINGENIERÍA CEREBRAL Y REDISEÑO DEL PENSAMIENTO. *Aprende a ReProgramar Tus Procesos Mentales y Generar una Reinvención Personal.*
  Kindle de Amazon https://www.amazon.com/dp/B0723BVN9G
  Tapa Blanda CreateSpace https://www.createspace.com/6685293

10-. EL PODER DE LA HIPNOSIS. *Manual Teórico-Práctico de Formación en HIPNOSIS, y el Desarrollo de Habilidades Hipnóticas Persuasivas.*
  Kindle de Amazon https://www.amazon.com/dp/B076G97F14
  Tapa Blanda CreateSpace https://www.createspace.com/7691037

11-. CURSO DE HIPNOSIS PRÁCTICA. *Como HIPNOTIZAR, a Cualquier Persona, en Cualquier Momento y en Cualquier Lugar.*
  Kindle de Amazon https://www.amazon.com/dp/B076G97F14
  Tapa Blanda CreateSpace https://www.createspace.com/7691037

12-. HIPNOSIS AL SIGUIENTE NIVEL. *Hipnotismo Avanzado, Autohipnosis, Regresiones y Fenómenos Hipnóticos de Alto Nivel.*
  Kindle de Amazon https://www.amazon.com/dp/B076G97F14
  Tapa Blanda CreateSpace https://www.createspace.com/7691037
  Próximamente…

13-. EL GRAN LIBRO DE LA HIPNOSIS. *Manual de Hipnotismo para aprender HIPNOTIZAR a Cualquier Persona, en Cualquier Momento y en Cualquier Lugar.*
  Kindle de Amazon https://www.amazon.com/dp/B076G97F14
  Tapa Blanda CreateSpace https://www.createspace.com/7691037
  Próximamente…

14.- REDES DE MERCADEO MULTINIVEL. *Los Ciclos Maestros de la Duplicación y la Multiplicación en el Network Marketing.*
  Kindle de Amazon https://www.amazon.com/dp/B01IZTHD0M
  Tapa Blanda CreateSpace https://www.createspace.com/6614144

15.- CUADERNO DE PLANIFICACIÓN EMPRESARIAL. Plan de Acción Mensual Para Desarrollar Exitosamente Tú Negocio Multinivel de Forma Profesional.
   Kindle de Amazon https://www.amazon.com/dp/B01J1JEVHI
   Tapa Blanda CreateSpace https://www.createspace.com/6612779

16.- NETWORK MARKETING AL SIGUIENTE NIVEL. Principios Universales Para Desarrollar Exitosamente Tú Proyecto Multinivel de Forma Profesional.
   Kindle de Amazon https://www.amazon.com/dp/B01MFDJNT9
   Tapa Blanda CreateSpace https://www.createspace.com/6619923

17.- NETWORK MARKETING MULTINIVEL. Redes de Mercadeo, La Gran Oportunidad de Negocio del Siglo XXI, Rumbo a tu Libertad Financiera.
   Kindle de Amazon https://www.amazon.com/dp/B01M5H4CG2
   Tapa Blanda CreateSpace https://www.createspace.com/6669735

18. PALABRAS INSPIRADORAS Y FRASES CÉLEBRES. Colección con más de 800 Pensamientos y Citas Motivadoras de los Líderes Más Grandes de la Historia.
   Kindle de Amazon https://www.amazon.com/dp/B01J4MGSU0
   Tapa Blanda CreateSpace https://www.createspace.com/6615169

19.- PNL APLICADA A LA COMUNICACIÓN. Patrones de Persuasión, Hipnosis Conversacional y Oratoria Hipnótica, el Arte de Persuadir, e Influir Positivamente en los Demás.
   Kindle de Amazon https://www.amazon.com/dp/B01MXT273E
   Tapa Blanda CreateSpace https://www.createspace.com/6762851
   Próximamente...

20.- EL ARTE DEL COACHING CON PNL. Conocimientos, Habilidades, Técnicas, Practicas y Estrategias de Coaching para Lograr Objetivos y Alcanzar lo que te Propones en la Viva.
   Kindle de Amazon https://www.amazon.com/dp/B01N1N49V8
   Tapa Blanda CreateSpace https://www.createspace.com/6762787
   Próximamente...

21.- REINGENIERÍA CEREBRAL y PROGRAMACIÓN MENTAL. Un Salto Cuántico para la Evolución del SER - La Nueva Era del Pensamiento y El Despertar de la Consciencia.
   Kindle de Amazon https://www.amazon.com/dp/B01EQML2U4
   Tapa Blanda CreateSpace https://tsw.createspace.com/6685305
   Próximamente...

Principios Universales ara Desarrollar Exitozamente
TÚ NEGOCIO MULTINIVEL DE FORMA PROFESIONAL

22.- *LEYES Y PRINCIPIOS UNIVERSALES DEL ÉXITO.* ***Principios Bíblicos para Triunfar y Vivir en Abundancia Conforme a la Manera del Señor***.
Kindle de Amazon https://www.amazon.com/dp/B01MQQWLGT
Tapa Blanda CreateSpace https://www.createspace.com/6762826
Próximamente...

Para adquirir otras **OPCIONES DE PRESENTACIÓN** y adquirí los **LIBROS** en versiones **TAPA BLANDA ESTÁNDAR** o **PREMIUM, TAPA DURA PROFESIONAL CON** o **SIN SOLAPA, CON** o **SIN CONTRAPORTADA**, *en diferentes calidades de impresiones (Blanco y Negro, Full Color, Hoja Ahuesada Premium)* en *Tamaño Bolsillo, Impresión Americana* o *Espiral*...

Puedes hacerlo a través mis otros **Portales OFICIALES**.

https://www.amazon.com/Ylich-Eduard-Tarazona-Gil/e/B01INP4SU6
http://www.autoreseditores.com/coach.ylich.tarazona
http://www.lulu.com/spotlight/Coach_YlichTarazona
https://www.bubok.es/autores/YlichTarazona

El aprendizaje constante, la formación continua y el estudio permanente son las claves entre los que logramos el éxito, de aquellos que no lo logran. **- Ylich Tarazona. -**

PUBLICACIONES, EDICIONES, LIBROS, E-BOOK Y REPORTES ESPECIALES CREADOS POR EL AUTOR

Principios Universales ara Desarrollar Exitozamente
TÚ NEGOCIO MULTINIVEL DE FORMA PROFESIONAL

OTRAS PUBLICACIONES, EDICIONES, LIBROS, E-BOOK Y REPORTES ESPECIALES CREADOS POR EL AUTOR
CONTINUACIÓN DE LA SERIE

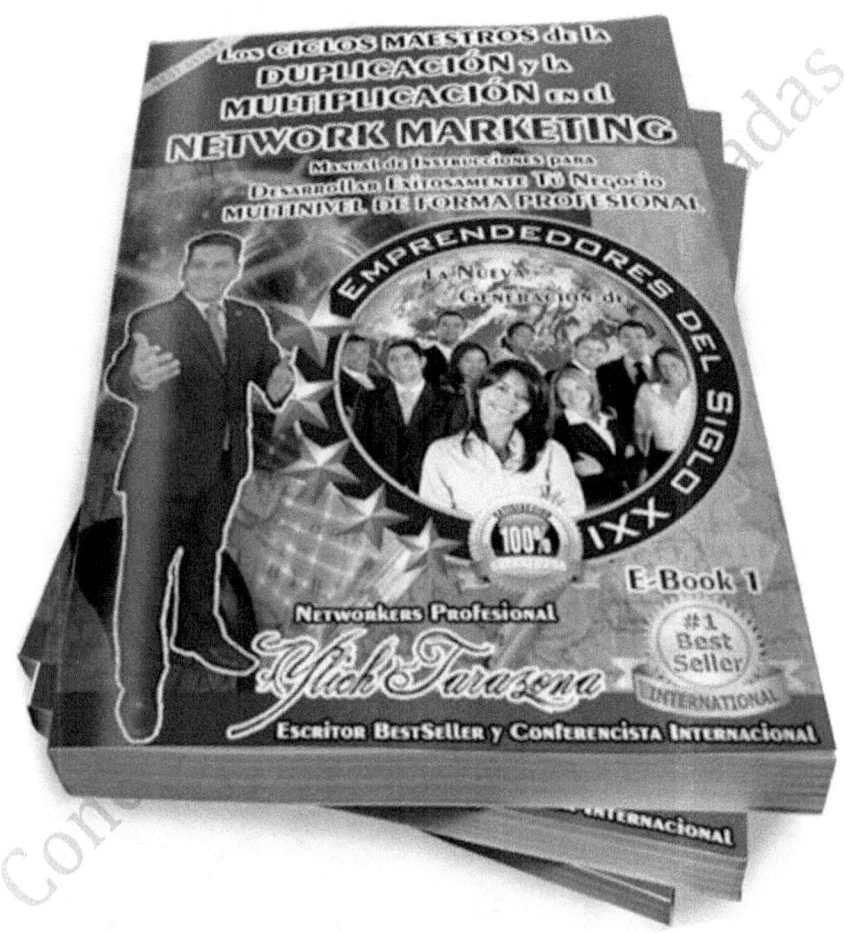

TALLERES, CONFERENCIAS, SEMINARIOS, MINI CURSOS CREADOS POR EL AUTOR

AUDIOLIBROS, PODCASTERS, WEBMINARS, Y VIDEOS CREADOS POR EL AUTOR

SÍGUENOS A TRAVÉS DE TODAS NUESTRAS REDES SOCIALES (SOCIAL MEDIA Y WEBSITE OFICIAL)

Facebook, Twitter, YouTube, Google +, BlogSpot, Instagram, Pinterest, SlideShare, Speaker, LinkedIn, Skype y Gmail

https://www.amazon.com/Ylich-Eduard-Tarazona-Gil/e/B01INP4SU6

http://www.reingenieriamentalconpnl.com/

http://www.coachylichtarazona.com/

http://www.lulu.com/spotlight/Coach_YlichTarazona

http://www.autoreseditores.com/coach.ylich.tarazona

https://www.facebook.com/coachmaster.ylichtarazona

https://www.youtube.com/user/coachylichtarazona

https://plus.google.com/+ylichtarazona/posts

http://www.spreaker.com/user/ylich_tarazona

http://instagram.com/coach_ylich_tarazona/

https://www.pinterest.com/ylich_tarazona/

https://www.linkedin.com/in/ylichtarazona

http://es.slideshare.net/ylichtarazona

https://twitter.com/ylichtarazona

También puede contactarse directamente con el **AUTOR** vía e-mail por:
MasterCoach.YlichTarazona@gmail.com

Skype: Coaching_Empresarial

Principios Universales ara Desarrollar Exitozamente
TÚ NEGOCIO MULTINIVEL DE FORMA PROFESIONAL

3ª Edición Especial Revisada y Actualizada por: **Ylich Tarazona** *diciembre 2017.*
Diseño y Elaboración de Portada por: **Ylich Tarazona**

ISBN-13: 9781976888571 *(KDP - Assigned)*
SELLO: Independently Published ©

BISAC: *MLM / Multi-Level-Marketing / Redes de Mercadeo / Network Marketing*
El derecho de **YLICH TARAZONA** a ser identificado como el
AUTOR de este trabajo ha sido afirmado por *SafeCreative.org*,
Código de Registro: **1712315229401**, de conformidad con los
Derechos De Autor En Todo El Mundo. *Fecha*: 31 de diciembre de 2017.